special photo

CITYと私、CITYと光

CITY GIRL, CITY LIGHT

steve BIKo

PLAY
WITH
STREET.

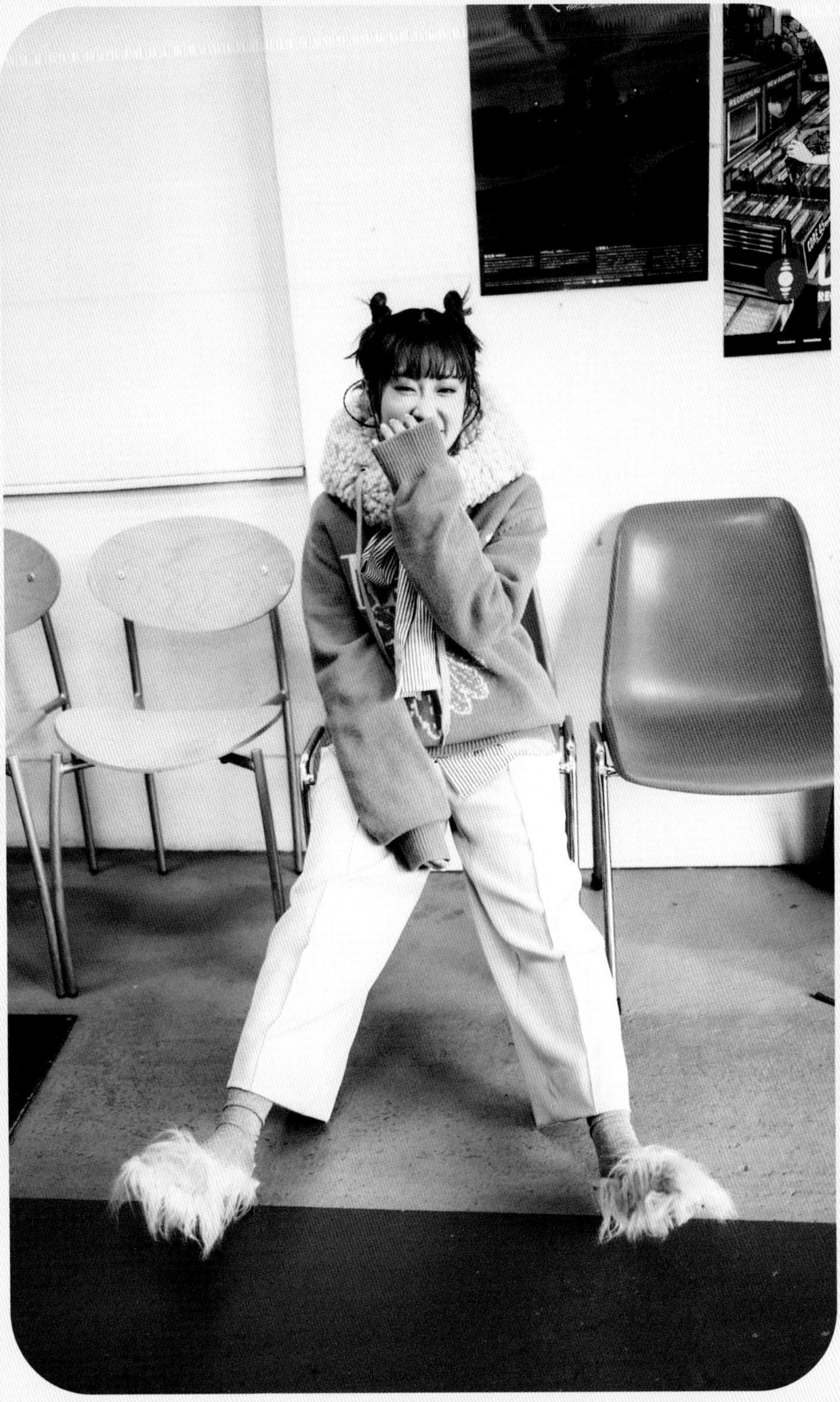

Revelation
筒美京平
SOUL US 7インチ

Merry Go Round
Yumi Asuka
JAPANESE MALE

JAPANESE MALE

Merry·Go·Round
Yumi Asuka
CLUB,DANCE,HIPHOP,R&B 12inch

Polydor
45

降幡愛と100のカルチャー

まえがき

この本をお手にとってくださったそこのあなた！

本当にありがとうございます！

拙い文章ではありますが、しばしお付き合いいいただければと思います。

お手にとっていただいて、早速ではあるんですが……。

私、降幡愛のことはご存じでしょうか……？

主には声優、歌手として活動しています。趣味はカメラだったり、イラストだったり。クリエイティブなことが大好きです。

そんな私がまさかこんな自分の半生を本にしていただけるなんて、とても感動しています。長野から声優を目指して上京してから、はや10年。

もともと雑誌『Quick Japan』で〝降幡愛のロマンテ

ィックが足りてない!?〟という連載を持っていました。その連載では、私自身がお話をしてみたいゲストさんを交えて昭和80's や音楽、カルチャーを中心に対談をするというものでした。この本の表紙をデザインしてくださったNOSTALOOKさんも、連載をきっかけに対談をさせてもらって、アーティスト活動でも中原めいこさんのカバー曲「君たちキウイ・パパイア・マンゴーだね。」のMusic Video 制作もしてくださった繋がりがあります。今回も素敵な表紙を描いてくださいました!! 本当に感謝です!!

そしてそこから、いろんなご縁があって本をつくることになりました。私がどんなものに触れて、どう感じたのか。そして何がきっかけで今に至っているのか……音楽のルーツや個人的に流行っていたもの、アンテナをどんなところに張っていたのか。改めて自分が〝何〟でできているのかを深掘りできた機会でもありました。読者の皆さんも自分がどんなものに惹かれて、どういう価値観をもって生活しているのか考えたことはありますか?

読み進めていただけると、「あ！　自分もこのアーティスト聴いていた！」とか「懐かしい！」と思ってもらえるのではないかなと思います（笑）。

と前置きが長くなってしまいましたが、今回は撮り下ろしのお写真はもちろん、私が前からご一緒してみたかった方にもお会いすることができました。〝好き〟を通じて、ご縁が広がっていくことって本当に素敵だなぁと思います。ごくごく普通の私が、こうして1冊の本を出しました。

決して、ドラマや漫画のような人生ではないですし、だからといって不満と感じたこともないのが私です。ただただ、自分のなりたいものに一直線に歩んできました。きっとここまで読んでくださった方の中には、私と同じ夢を持っている方もいらっしゃるかもしれません。この本を最後まで読み進めていただいて、背中を少しでも押せていたら良いなぁと思います。素直に正直にまっすぐ目の前の出来事を全力で楽しんで、好き＝愛を見つけてもらえたらうれしいです!!

目次

Part 1

故郷・長野での生活

ザ・長女タイプで、引っ込み思案な幼少期

私、降幡愛は、降幡家の長女として生まれました。家族構成は、両親と弟、妹の5人家族で、高校を卒業するまで、自然豊かな長野県[*1]の真ん中で過ごしました。性格はどちらかと言えば父親譲りのザ・長女タイプです。

「愛」という名前は、〝人に愛され、人を愛する〟という意味を込めて名付けてもらいました。そんなステキな由来をくれたお父さん、お母さん。ただなかなか、名前のような行動は起こすことができず、小学校の低学年のころまでは本当におとなしく引っ込み思案な性格で、唯一、得意だった絵を描くことで周りとコミュニケーションをとるような子供でした。自宅でも、学校から帰ってきたら机に向かって漫画をずっと描いていて、両親や兄妹に「学校でこんなことがあったよ！」と報告をするようなこともなかったです。今でこそ人前に出て話すお仕事をしていますが、自分のことを誰かに伝える必要を感じていませんでした。代わりに、人のことを密かに分析するのは好きでしたね。

なので、声優・歌手という職業に就くにあたって、音楽や漫画といったカルチャー面では、自分ひとりで好きなものを追求していったところはあるかもしれません。

---

*1 **長野県**

本州の真ん中、中部地方に属する県。四方を陸地で囲まれた「海なし県」である。長寿の地域としても知られる。長野県にある信濃毎日新聞社発行のMGプレスにて、長野の魅力や本人の活動を紹介する「降幡愛のふりりんjourney」が連載されており、2023年で連載4年目を迎える。

降幡家の一族を通しても、芸能関係の仕事に触れてきた人たちもいないので。趣味や好きなものはシェアせず、自分の中で完結する、それが普通だと思って生きてきました。普段から自分のことを話さず、空想、妄想をしていて、友達から付けられたあだ名も、いつもボーっとしているから「あいぼー」でした（笑）。だからといって、周りからそれを否定されるわけでもなかったので、それはすごく良い環境だったなと思います。

カルチャー原体験と、スポーツへのトラウマ

カルチャーに関する目覚めとして、やっぱり大きな存在なのは高橋留美子先生[*2]の作品です。リアルタイムで触れたのはアニメの『犬夜叉』[*3]ですね。それからケーブルテレビで『うる星やつら』[*4]や、『らんま1／2』[*5]も観ました。声優という職業を認識したのも同じ時期です。『犬夜叉』の犬夜叉、『名探偵コナン』の工藤新一とか、私の好きなキャラはみんな山口勝平さん[*6]が演じられていて。そこからだんだんと声優という仕事が気になるようになっていきました。当時は漫画雑誌もいっぱい読んでいて、定期的に購入していたのは『週刊少年サンデー』、『週刊少年ジャンプ』、

---

*2 **高橋留美子**
漫画家。1978年にデビュー。『うる星やつら』、『めぞん一刻』、『らんま1／2』、『犬夜叉』、『境界のRINNE』などの作品で知られる。2019年から『MAO』を『週刊少年サンデー』で連載中。2021年からTwitterの公式アカウントが開設された。

*3 **犬夜叉**
1996年から『週刊少年サンデー』で連載が開始された冒険ファンタジーで、戦国時代が舞台。全558話。主人公は半妖の少年である犬夜叉で、戦国時代にタイムスリップしてしまった日暮かごめがヒロイン。二度アニメ化され、『犬夜叉』と、物語の完結まで描いた『犬夜叉 完結編』がある。

*4 **うる星やつら**
1978年に『週刊少年サンデー』で連載が開始された学園ラブコメディ。全366話。高校生である諸星あたると、彼にゾッコンな宇宙人ラムを中心に繰り広げられるドタバタ劇が特徴。アニメ化・映画化も行われており、2022年

『週刊少年ガンガン』かな。『月刊コミックZERO-SUM』に連載されていた『あまつき』[*7]も愛読していました。女性向けの雑誌も読んでいたんですけど、集めていたのは少年誌でしたね。

　これは余談ですけど、小さいころはボーイッシュな見た目だったので、男の子と間違われることもありました。よく覚えているのは、『ちゃお』の付録にあった可愛いポシェットを着けて学校に行った時のこと。私の姿を見るや、みんなが〝男の子（みたいな子）がポシェット持ってる！〟という、言葉に出さずとも「似合ってない」と指摘されている雰囲気に包まれて。それからカワイイものを身に着けるのに抵抗が少しありました。今は開き直ったかのようにピンクのフリフリを着ていて、何も問題ないのですが（笑）、幼い降幡からしたら考えられないことです。

　もうひとつ、私がカルチャーにハマっていったきっかけに、スポーツが苦手だったこともあります。父親がとてもスポーツマンなのに対して、私は大縄跳びに入れなくてズッコけるくらい。運動に対するリズム感がない（笑）。唯一、水泳だけは教室にも通っていたので得意でした。習い事はいろいろやらせてもらえていて、小学校の低学年からピアノをやっていました。楽しかったと思うんですけど、一向にうまくはならなかったですね……。基礎を反復練習するのが得意じゃなくて、J-

10月からは、小学館創業100周年記念として新たに制作されたアニメ作品が放送されている。

*5 **らんま1／2**
1987年に『週刊少年サンデー』で連載が開始された格闘ラブコメディ。全407話。水をかぶると女性になる格闘家・早乙女乱馬が主人公。アニメは『らんま1／2』のあと、第2期である『らんま1／2熱闘編』が放送された（熱闘編のほうが長い）。実写ドラマ化も行われている。

*6 **山口勝平**
声優。『らんま1／2』の早乙女乱馬、『名探偵コナン』の工藤新一、『犬夜叉』の犬夜叉、『ONE PIECE』のウソップ役などで知られる。

*7 **あまつき**
『月刊コミックZERO-SUM』（一迅社）で連載されていたファンタジー漫画。著者は高山しのぶ。2008年にはアニメ化が行われ、『機動戦士ガンダムUC』や『SPY×FAMILY』の古橋一浩が監督を手掛けた。

POPの楽譜を弾いているのが楽しかったのは覚えています。

小学校も高学年になると部活がはじまって、そこでは吹奏楽部に所属していました。担当はパーカッション。フルートや金管楽器みたいな花形にも憧れたんですけど、友達が誘ってくれたので。今でもとても感謝しています。中学校に入っても引き続き吹奏楽部でパーカッションを担当していたんですけど、中3のコンクールの直前に「クビにする」と怒られたくらい、そもそもの音感に欠けているところがありました。でも、この当時の厳しい練習のおかげでかなり音楽的な素養は鍛えられましたね。イヤだと思う作業には身が入らなかったんですけど、音楽はなんだかんだずっと好きだったんです。スポーツみたいにてんでダメ、ということではなかったから、続けられたんだと思います。

アニメとファッションと、松本パルコ

小学校、中学校と、いわゆる「オタク」で「マニア」という自分がどこか恥ずかしかったのか、本当はアニメも漫画も好きなのに、みんなの前では隠しているところはありましたね。ただ、中学生のときに深夜アニメブームがやってくるんです。

---

*8 マクロスF(フロンティア)

2008年に放送された、『マクロス』シリーズの1作。シェリル・ノームとランカ・リーというふたりの歌姫が登場し、菅野よう子が手掛けた劇伴、主題歌も含めて高い人気を獲得した。のちに劇場版も製作されている。

『マクロスF（フロンティア）』[*8]や『ZOMBIE-LOAN』[*9]がめちゃくちゃ面白くて。そこでようやく、他の人と語り合いたい！という気持ちになったことで、アニメ好きの子たちとも仲良くなりました。いろんなアニメのイベントや、声優さんがやっているラジオも教えてもらって、今でも人気のある声優の方々がレギュラーでやっている番組を毎週聴くようになりましたね。

それから、松本のPARCO（パルコ）[*10]にあったアニメイトにも通いはじめましたし、持ち込みOKの激安カラオケ屋があって、友達4人で10時間くらい歌っていたことも（笑）。人前で歌を歌うのは嫌いじゃなかったので、私は好きなアニソンやキャラソン[*11]を自由に歌って。友達も自分の好きな曲しか歌わないんですけど、その場で友達が歌っているアニソンを聴いて、「あ、こんな良い曲があるんだ」と、新しい曲を知る機会になっていました。

松本パルコの話が出ましたけど、当時、パルコに行くことがカルチャー的にひとつのステータスだったんです。アニメイトだけじゃなくて、ファッションのトレンドを知ることができた場所でした。パルコの近くにも古着屋さんがあって、そこで古着の可愛さにも気づいたんですよ。もともと、『CanCam』に代表されるような赤文字系のファッションやスタイリングには惹かれなくて、どちらかというと青文

---

*9 ZOMBIE-LOAN
『月刊Gファンタジー』（スクウェア・エニックス）で連載されていたPEACH-PITによる漫画作品。2007年にテレビアニメが放送された。

*10 松本PARCO
松本市中央にある商業施設。北信越地方では唯一のPARCOであるが、2025年2月末で閉店を発表。若者向けアパレルブランドやアニメイトなどが店舗を構えている。

*11 キャラソン
キャラクターソングの略で、アニメに登場するキャラクターの名義でリリースされている楽曲のこと。キャラクターの声質を存分に活かした歌い方になっている場合が多い。

字系の『Zipper』[*12]、『KERA』、『FRUiTS』[*13]を読んで参考にしていました。当時はヴィヴィアン・ウエストウッド[*14]が流行っていたんで、ヴィヴィアンの赤い財布買えるようになりたいなーと思ってここまで生きてきたので（笑）。それこそ、そういう雑誌には原宿の古着屋MAPみたいなものが載っていたので、それを擦り切れるまでチェックしていました。いつか上京した時は原宿を巡るんだと心に決めて。今はもう、ほとんどのお店がなくなっちゃいましたけど……。それくらい、90年代のファッションが好きでしたね。『Zipper』の「乙女のトリビア」[*15]や「Paradise Kiss」[*16]とか、ファッション誌に掲載されているエッセイや漫画にも影響を受けました。

ポルノグラフィティから派生していった音楽遍歴

小学生のころは普通にJ-POPを聴いていて、よく車の中で聴いていていたのは、ポルノグラフィティ[*17]の「愛が呼ぶほうへ」だったんです。もちろん、そのころは本間（昭光）[*18]さんがプロデュースを務めているとは知るわけもなく……これは本当に不思議なんですけど、小学校の朝の会には、クラス全員でポルノの「メリッサ」[*19]を歌う時間があったんです。読書の時間とか、歌の時間があるのは普通なのかと思う

*12 **Zipper**
1993年に創刊された女性向けファッション雑誌（祥伝社刊）。十代の若者向けファッションを主に紹介し、なかでも原宿系ファッションを率先して取り上げた。2017年に一度休刊となるも、2022年3月に復刊。

*13 **KERA/FRUiTS**
『KERA』は、1998年に創刊された女性向けファッション誌。2017年に雑誌としての発行は終了し、WEB媒体に移行。ビジュアル系やパンク系、ロリータ系ファッションなどを取り上げた。『FRUiTS』は、1997年に創刊され、2016年まで発行されていたストリートスナップ誌。月刊取りやめの理由は「オシャレな子が撮れなくなった」こととされる。

*14 **ヴィヴィアン・ウエストウッド**
イギリスのファッションデザイナー、及び彼女が立ち上げたファッションブランド。オーブ（天体）ロゴが入った財布などは現在も人気。人物としては、マルコム・マクラーレンと共にブティック「SEX」を運営し、セックス・ピストルズのプロデュースにも関わっ

のですが、「メリッサ」を歌ったり、ダンスの時間に「アゲハ蝶」[*19]でボックスダンスを踊ったりしていたのは私たちだけかもしれない（笑）。先生本人に聞いたことはなかったですけど、たぶんポルノのファンだったんでしょうね。別の先生はMr.Childrenが好きで。楽器演奏をする授業の時は、「Tomorrow never knows」をみんなで弾いた記憶もあります。そのころは、古本屋や中古CD屋でオレンジレンジやPerfume、UVERworldなんかのCDを買って聴いていました。

中学校に入って、アニソンを聴きはじめたタイミングで、Sound Horizon[*20]にもハマったんです。J-POPでは嵐が流行っていた時期ですけど、サンホラはアルバムごとにコンセプトとそれに沿った物語があって。そういう自分で世界を作っちゃうところに惹かれましたね。ただ、当時はCDやラジオ、テレビで音楽を聴くくらいで、ライブに行こう！とまではなりませんでした。よく考えてみると、家族で映画を観に行った記憶があるのも一度だけ。確か、『パイレーツ・オブ・カリビアン』をレイトショーで観たのは覚えています。家族でキャンプやスキーにはよく行っていたのですが、カルチャーをみんなで一緒に、みたいな考えが希薄なのは、〝ひとりで楽しむもの〟という意識が強いからだと思います。妹や弟はお母さんに「映画を観に行きたい」ってお願いしたり、「このCDが欲しい」とか言ったりしていた

たことで知られる（2022年12月に死去）。

*15 乙女のトリビア

『下妻物語』で知られる小説家・エッセイストで、「乙女のカリスマ」こと嶽本野ばらによるエッセイ。MILKやヴィヴィアン・ウエストウッドなど、ファッションブランドの歴史や知識が綴られている。2005年から2007年まで連載された。

*16 Paradise Kiss

矢沢あいによるファッションをテーマにした漫画。通称「パラキス」。進学校に通う主人公が、服飾科の学生たちによるデザイナーグループ「パラダイス・キス」にスカウトされたことから物語がスタートする。1999年から2003年まで連載。

*17 ポルノグラフィティ

1999年にシングル「アポロ」でデビューしたロックバンドで、通称「ポルノ」。現在のメンバーは岡野昭仁、新藤晴一。本間昭光が10年以上にわたってプロデュースを手掛け、ak.homma名義で作曲・編曲も手掛けている。

と思うんですけど、私は自分ひとりで楽しみたい。カラオケは歌うことが好きなので行っていましたけど、周りに合わせるでもなく、自分の好きな曲だけ好き勝手に歌ってましたから（笑）。だから、自分の好きなものを積極的に伝えることもなく、コツコツと収集していました。

放送部の仕事に青春を費やす

高校に入学する前から、もう声優という仕事を意識していました。東京の声優スクールに毎月、夜行バスで通っていましたし、部活も、吹奏楽ではなく放送部に入部しました。お昼休みの放送でナレーションを担当することもありましたし、好きなバンドやアーティスト[21]を流すことができたのでそれは楽しかったですね。ただ、私の高校の放送部は、生徒会直轄の放送委員みたいな立場で、ナレーションや選曲が活動のメインではなかったんです。イベントごとに写真と映像を撮影して編集するという、部活動のわりに負担の大きな役割があって（笑）。特に文化祭は、前夜祭も含めて3日間、動画や写真を私たちが撮影するんですよ。しかも文化祭の最終日には、その年で卒業する3年生の映像や写真を猛スピードで編集して、スライド

[18] 本間昭光
作曲・編曲家、音楽プロデューサー。広瀬香美、ポルノグラフィティ、いきものがかりなどの編曲、プロデュースで知られる。降幡とはデビューからタッグを組む。

[19] メリッサ／アゲハ蝶
「メリッサ」は2003年にリリースされた12枚目のシングル。「アゲハ蝶」は2001年にリリースされた6枚目のシングル。どちらも作曲はak.hommaが手掛けている。

[20] Sound Horizon
Revoによる音楽プロジェクトで、2004年にメジャーデビュー。物語音楽と呼ばれる壮大かつプログレッシブなサウンドが特徴。他作品とコラボレートする際には「Linked Horizon」名義を用いる。

ショーを流さなきゃいけない。だから、夜遅くまでスライドショーの編集に時間をかけたのを覚えています。編集は、放送室にあった編集ソフトの使い方を先輩に学びながら、ＢＧＭの音量を上げたり下げたり、エフェクトをつけたり。確かＢＧＭは、flumpool[*22]だったんじゃないかな……。作業が終わったときは達成感で激泣きしましたね。もう高校生の時の思い出は本当、「放送部」って感じです（笑）。編集をやっている時は夜の11時くらいまでやっていましたし、あとは自宅との往復くらい。青春、どこ行った？って思うくらい何もなかったですよ（笑）。

自分を変えたい気持ちから、声優の道を志す

思春期に入り、うっすらと将来の道を考えはじめたときに、最初は漫画家か、イラストレーターが頭に浮かびました。両親も私が小さいころから絵を描いているのは知っていたので、美術系の大学に進むのかなと思っていたみたいです。だけど私自身は、絵がずっと好きだったから、職業にしたら辛いかも、という気持ちもあって。一方で、声の仕事にも興味が出てきたので、表に出なくても良いし、やってみても良いかなと。自分の性格を考えたら、ずっと机にひとりで向かっている漫画家

---

*21 バンドやアーティスト
当時流行っていた、RADWIMPSや相対性理論をかけていたとのこと。

*22 flumpool
2008年にメジャーデビューした4人組ロックバンド。代表曲に「君に届け」、「花になれ」など。

のほうが絶対的に向いているなと思うんです。だけど、そんな自分を変えたいと思う気持ちもあって、声優という表現に気持ちが向きました。中3の時くらいから声優専門学校のオープンキャンパスに見学に行ったり、高校生になってからも、進路相談で「その夢に向かって進みたい」と先生たちには伝えていました。先生たちも「大丈夫だよ」とか、「降幡にはいいんじゃないかな」と寛大で、背中を押してくれました。高校3年の時の担任は、声優でデビューしたのを知って実家に手紙をくださったこともあり、周囲の大人たちがみなさん応援してくれたのはありがたかったです。

ところが、声優という職業も時代と共に裏方という仕事ではなくなってきました。表に出て歌って踊って、バラエティにも出演したりするのが当たり前の職業になりつつありました。でも、私は沢城みゆきさん[23]に憧れていたので、沢城さんみたいな活動を理想であり目標として持っていましたね。あとは、『犬夜叉』で桔梗を演じていた日高のり子さん[24]や、『鋼の錬金術師』[25]で、アルフォンスを演じていた釘宮理恵さん[26]に惹かれました。釘宮さんは、『とらドラ！』[27]で可愛い女の子を演じていたのに、男の子であるアルフォンスも自然に演じられているのがすごい！って。私は背が低いので、生身だとどうしても演じる幅が制限されてしまいます。だけど、声だ

*23 沢城みゆき

声優、ナレーター。青二プロダクション所属。1999年にデビュー。『ルパン三世』の峰不二子（3代目）や、『ゲゲゲの鬼太郎（6期）』（鬼太郎）などを担当。『報道ステーション』や『櫻井・有吉THE夜会』ではナレーションを担当。

*24 日高のり子

声優、ナレーター。コンビネーション所属。『タッチ』の朝倉南役や、『らんま1/2』の天道あかね役、『犬夜叉』の桔梗役で知られる。2022年の10月に開催された日高のり子主催の音楽イベント「Non Fes Halloween Party Returns」に降幡愛もゲスト参加した。

*25 鋼の錬金術師

『月刊少年ガンガン』に連載されていた荒川弘による漫画作品。2003年にオリジナルストーリーでアニメ化されたほか、2009年にも原作準拠の『鋼の錬金術師 FULLMETAL ALCHEMIST』が製作されている。2003年版のオープニングテーマとして使用されているのがポルノグラフィティ

けなら何者にでもなれる、という部分に声優の魅力を感じていたんだと思いますね。
それで、専門学校の願書を取り寄せて、一生懸命、志望動機を書いて、さぁ後は提出だ！っていうタイミングで、母親に判子を押してもらおうとしたんです。そのタイミングで、なぜか母親が判子のインクを願書にこぼしちゃったんですよ。一からやり直しです。「おいーっ！」と思って、大きな声を出して怒っちゃいました。後にも先にもその時だけ（笑）。だけど、「あ、私、こんなに声優になりたかったんだ」と実感したのはそのタイミングでした。

ニコ動と、GREEと、私

私が高校生のころは、ボーカロイド[*28]が大流行していた時期ですね。2ちゃんねる、フラッシュ動画、ニコニコ動画[*29]で、初音ミク[*30]ちゃんを使った楽曲が毎日のようにアップされていた全盛期で。ボカロではないですけど、ゴールデンボンバー[*31]の「女々しくて」を最初に発見したのは私だと自負しているくらい（笑）、割とニコ動中毒でしたね。コメントも書き込んでいましたし、東方Project[*32]系の音楽も聴いていました。この時が初めて、ちゃんと流行りに乗っかった時代かもしれないです。そこ

「メリッサ」である。

*26 **釘宮理恵**
声優、歌手。アイムエンタープライズ所属。『鋼の錬金術師』シリーズでアルフォンス・エルリック役を演じている。主な出演作に『銀魂』（神楽役）や『キングダム』（河了貂役）、『呪術廻戦』（西宮桃役）などがある。

*27 **とらドラ！**
竹宮ゆゆこによるライトノベル。2008年にアニメ化され、ヒロイン役の逢坂大河を釘宮理恵が演じている。

*28 **ボーカロイド**
ヤマハが開発した音声合成エンジンで、正式名称はVOCALOID。事前にサンプリングされた音声ライブラリを使って、入力したメロディーと歌詞を〝歌わせる〟ことができた。ちなみに2007年にリリースされた際の初音ミクに採用されたのは「VOCALOID2」。

からボカロP[33]もいろんな人が出てきて、自由自在にミクちゃんが歌ってステキな曲ができあがっていく光景や、自分の興味に引っかかるようなメロディーもいっぱい流れてきたんです。それで自然とボカロの世界に馴染んでいったのかなと思います。今、作詞もしている立場ですが、当時、私は良い曲かどうかの一番の判断基準はメロディーでした。なので、歌詞が英語でもまったく大丈夫なリスナーですね。

ネットも身近にあったので、オンラインでの交流もしていました。高校生の時には、GREE[34]というSNSで見ず知らずの女の子と情報交換はしていて。そこでは自分の夢ややりたいことを語っていたかもしれません。それでも、ネットに対しても恐怖心というか、「前略プロフィール」[35]を作った女子グループが痛い目に遭っているのを横目で見ていたので（笑）、他の子たちに比べたら慎重でしたね。

そういう危機回避能力というか、慎重な部分は、小さいころ、背が高い子に「背が高くて良いな」って何気なく言ったら、めちゃくちゃ怒られたことがありました。他人の怒りの沸点ってわかんないなーという前提がそこで生まれたので、下手なことは言わないようになりました。自分の好きなものをなるべくひけらかさないのも、自分が好きなものを否定されたり、かっこ悪いと言われたりするのが嫌だったんだと思います。プライドが高かったんですよ、私（笑）。この時期にニコ動とGREE

*29 ニコニコ動画

2006年に開始された動画配信サービス。略称は「ニコ動」。アップロードされた動画、もしくは生放送の動画に対し、視聴者が任意のタイミングでコメントを投稿できる仕組みが特徴。誰でも簡単に投稿が可能であったため、「歌ってみた動画」や「踊ってみた動画」からは多くのアーティストが誕生した。

*30 初音ミク

音声合成技術「VOCALOID」を用いたクリプトン社製のバーチャル・シンガー。ツインテールとネギが特徴のキャラクターデザインにも人気が集まった。このソフトウェアを使ったボカロ曲がニコニコ動画にアップされ、多くのヒット曲を生み出した。

*31 ゴールデンボンバー

4人組ビジュアル系エアーバンド。略称は「金爆」。楽器を演奏しないことを逆手に取ったパフォーマンスが話題を呼び、YouTubeやニコニコ動画で人気を博す。代表

にどっぷりハマったことで、SNSとの向き合い方が身についたように思います。

学生時代を振り返って、自分の性格を分析する

こうやって自分の学生時代を振り返って思ったのは、先生であっても両親であっても、「それは違うな」とか、「合わないな」というものに対して、自分からさりげなくシャッターを下ろすタイプであることですね。それは今も変わっていないと思います。だからといって、反発したり、事を荒立てたりするわけでもなく、そっと距離を取るのが良いことに昔から気づいていたのかもしれません。何かひとつのものにグッと入り込んじゃう人を見ると、「ほどほどにしとき〜や〜」と思ってしまいます（笑）。

でも、他人の考えや行動に対して、自分は受け入れられないものであっても厳しく指摘するのは違うじゃないですか。自分が人に言われたり、勝手に分析されたりするの、嫌なので。「あいぼーって、〇〇だよね〜」っていうのは、表面上は「そうですねー」と受け入れながらも、内心では全然納得していないこともある（笑）。

やっぱり表に立つ仕事をしているから、いろんなことを言われますけど、元々そ

曲は「女々しくて」。NHK紅白歌合戦では4年連続で同曲を披露するロングヒットとなった。

*32 東方Project
クリエイター・ZUN運営の個人サークル「上海アリス幻樂団」によるメディアミックス作品。シューティングゲームのプログラミング、BGMの作曲、作画などをZUNがひとりで手掛けている。二次創作が幅広く認められているのが特徴で、第三者が制作した音楽や漫画が、ニコニコ動画など動画共有サイトやイラスト共有サイトで大量にアップロードされている。

*33 ボカロP
初音ミクなどVOCALOIDソフトを用いて楽曲制作を行い、動画共有サイトにアップロードするクリエイターのこと。「P」はプロデューサーの意味。今をときめく米津玄師（ハチ名義）や、キタニタツヤ（こんにちは谷田さん名義）、イナメトオル（40mP名義）などもボカロPとして知られるようになった。

ういう考え方の人間なので、そこで落ち込むとか悩むとかはないです。「あ、こんなこと書かれているな」くらいで。悩んでいる時間がもったいないじゃないですか。もうひとつ、ポリシーとしているのは、人が嫌になる陰口は叩かないことですね。昔、大雪の日に神社にお参りに行ったんです。そのときに、お賽銭ってどこ行くんだろうな〜、誰かの懐に入るんだろうな〜って心の中で思っていたら、木の上からドサーって雪が降ってきて私の頭に直撃したんです（笑）。あれは天罰だと思いましたね。口にしなくても、嫌な考えを持っていると良くない。そこで反省して、今に至ります。

*34 GREE
2004年に運営が開始されたSNS。『mixi』と共にSNS黎明期に一時代を築いた。GREEはPC向け、携帯電話（ガラケー）向けサービスがあり、『探検ドリランド』や『釣り★スタ』などのゲームが人気を博した。コミュニティ機能も存在し、日記の公開やメール・チャットのやり取りが行えた。

*35 前略プロフィール
2004年に運営が開始されたウエブサイト作成サービス。略称は「前略プロフ」。ガラケー1台で誰でも簡単に個人ページを開設できるため、中高生の間で人気を獲得。ひと言メッセージが書き込める「リアル」やプリクラや写メをアップできる「アルバム」の機能があった。2016年にサービス終了。

降幡愛を形成するカルチャーキーワード100

アニメや漫画、音楽と、カルチャーにまみれながら走り続けている降幡愛の人生。そんな彼女を象徴するようなカルチャーキーワードを、100個ピックアップ！　人生を変えたイラストや漫画、そして都会への憧れ――濃密に変化し続ける降幡の考え方や生き方に影響を与えたモノ・ヒト・現象をたっぷりと紹介！

1 漫画

小学生の段階で漫画家になりたいと思っていたんです。幼稚園のころ、『ポケットモンスター』が流行っていて、友達に絵を描いてあげたらめちゃくちゃ喜んでくれて。そこで絵が上手かもしれないという自覚が芽生えて、いろいろ描くようになりました。口下手だった私にとってはひとつのコミュニケーションツールでもあって、その子の好きな漫画やキャラをリサーチして、その絵を描いて仲良くなる、みたいな。そこで観察力が身についたと思いますね。

家でもずっとコピー用紙にイラストを描き続けていて、保管していた勉机の引き出しがその紙で詰まるぐらいでした。1枚のイラストだったものから徐々に、動きとかコマ割りも考えながらストーリーがあるものを描くようになっていって。同じように漫画を描いていた友達がいたので、互いに見せ合っていました。よく描いていたのはファンタジーで、昔の中国や日本を舞台にしたもの。完全に『らんま』や『犬夜叉』の影響ですね（笑）。

2 高橋留美子

作家

今こうして令和を生きている人、全員に作品を観たり読んだりしてほしい作家さんのおひとりです。『うる星やつら』、『らんま1／2』、『めぞん一刻』を筆頭に、明るくてギャグもあるコメディものを得意とする方、というイメージが強いと思いますが、短編のホラー作品もすごく良いんです！　例えば、「人魚の森」や、アニメ版ではヒロインを松本伊代さんが声優をやっていた「笑う標的」といった作品には、人の情念みたいなものが描かれているし、どのようなジャンルでも素晴らしい作品を残していて。絵柄のタッチもずっと好きですし、憧れの人です。あと、年齢を重ねると、感じ方が変わるというか、『めぞん一刻』の（音無）響子さんは、昭和を象徴する、可愛くて奥ゆかしい女性という印象があったんですけど、大人になってから読むと「超絶面倒くさい女の人だな！」って思ったり（笑）。（六本木）朱美さんのほうが絶対いい女じゃん、って思います。

3 犬夜叉

アニメ・漫画

当時小学生だったのですが、リアルタイムで夢中になって観ていました。私、桔梗派で、犬夜叉がかごめと桔梗、どっちを取るかで悩んでいるのが嫌でした（笑）。ストーリーとしては戦国を舞台とした冒険物語ですけど、様々なキャラクターが登場する群像劇でありながら、その一人ひとりの人間の感情が細かく描かれているところが好きですね。そこに高橋先生ならではのコメディのエッセンスが足されていて、キャラクターがすごく魅力的な作品です。

4 うる星やつら

アニメ・漫画

『犬夜叉』と『らんま1／2』は同時期に観て好きになったのですが、『うる星やつら』をちゃんと観たのは少し後ですね。TVアニメと劇場版でかなり絵のタッチが違うことに戸惑ったのと、押井守監督の『ビューティフル・ドリーマー』が、子供にはちょっと難しかった（笑）。でも、ラムちゃんは漫画でもアニメでも本当に可愛い。あと、主題歌に80'sのテイストが強く入っていて、CINDYさんがオープニングを歌っていたりするのも好きなポイントです。

5 らんま1／2

アニメ・漫画

初めて観たのは劇場版の『らんま1／2 決戦桃幻郷！ 花嫁を奪りもどせ!!』でした。ピカソの主題歌「a Piece of Love」はよく歌っていましたね。その後、漫画を読んだことで漫画家にも憧れて、『らんま』を参考にしながら物語やコマ割を考えていたこともありました。一番びっくりしたのが、パンスト太郎ですね。初めて登場したときは意味わかんねぇ！ って衝撃を受けました（笑）。高橋先生の発想力が溢れた作品だと思いますね。

6 早乙女乱馬

アニメ・漫画

小学生の時は、本当に乱馬が大好きだったんですけど、その理由として、山口勝平さんが演じられていたことは大きいですね。乱馬だけじゃなくて、当時好きで観ていた『名探偵コナン』の工藤新一も『犬夜叉』の犬夜叉も、全部山口さんが担当されていて。それが声優という職業を認識するきっかけにもなりました。あの山口さんの声じゃなかったら、こんなに乱馬を好きになっていなかったかもしれないです。

7 ふしぎ遊戯

アニメ・漫画

小学生のころ、水泳教室に通っていたんですけど、ちょうど家に帰ってきた時にアニマックスで流れていたのが『ふしぎ遊戯』でした。鬼宿役の緑川（光）さんの声がめちゃくちゃ心地よくて観はじめたんですけど、25話で鬼宿の家族が殺されるシーンがあって、それが衝撃的でしたね。あと、エンディングがいつも誰かのセリフを起点にしてイントロが流れる演出だったのですが、その絶妙なトレンディドラマ感が好きでした（笑）。

8 アニメーター
カルチャー

小学生のころから、アニメを観ていても絵柄に目が行くタイプだったんです。さっきのシーンでは塗りにムラがあるのに、次のシーンでは綺麗になって、色が変わっていたりするのが気になって。例えば『クレヨンしんちゃん』も、話数によってしんちゃんの輪郭が違っていて、それは（メインの）アニメーターさんが違うからなんだ、と気付いたんです。それから、将来の夢として、漫画家やイラストレーターに加えてアニメーターも加わった形でしたね。

9 アニソン
カルチャー

ひと口にアニソンといっても、80年代、90年代、ゼロ年代といろんなジャンルがあるし、時代時代でバンドブームやアイドルブームの影響を受けていたり、かなり面白い音楽だと思っています。私もアニメを入り口にいろんなアーティストに触れることができたし、「残酷な天使のテーゼ」や、最近だと「紅蓮華」もそうですけど、カラオケで盛り上がることのできる曲ってアニソンなんですよね。一般層にも広がっていく力が強い音楽だと思います。

10 イラスト
カルチャー

イラストを描くときに影響を受けたのは、桜野みねね先生です。『月刊少年ガンガン』で『まもって守護月天！』という作品を描かれていた方で、けっこう真似をして描いていました。なかでも漫画に出てくる小璘ちゃんが大好きでしたね。可愛い女の子を描くのが好きなので、まつもと泉先生や、桂正和先生、江口寿史先生とかの絵を見漁っていました。今でもそのスケッチしたコピー用紙は、ダンボールで4、5箱分、実家に眠っていると思います。

11 まもって守護月天！
アニメ・漫画

アニマックスでやっていた再放送で観た作品です。その後に（桜野）みねね先生の漫画も読んで、という流れでした。とにかくヒロインの小璘（シャオリン）が可愛すぎたし、今でも可愛いヒロインといえば真っ先に思い浮かびます。あとはジャンル的に、中国を舞台にした歴史モノというか、ファンタジーが好きなんだなと思いますね。音楽的なところでいうと、オープニングがSURFACEの「さぁ」で、それがすごく好きでしょっちゅう歌っていました。

12 きまぐれオレンジ☆ロード
アニメ・漫画

小学生のころ、テレビ東京で再放送がやっていて、『らんま1／2』と同時期に観ていました。アバンタイトルで「春日恭介15歳、青春してます」とナレーションが入るのが大好きでした。キャラクターも物語も好きだったのですが、恋愛ドラマなので家族とは一緒に観られなかったアニメでしたね。印象深いのは、劇場版の『きまぐれオレンジ☆ロード〜あの日にかえりたい〜』。まどかとひかるがヒロインなのですが、ひかるが可哀想すぎて、悲しくなりました。

13 中原めいこ
アーティスト

存在は『きまぐれオレンジ☆ロード』の主題歌を歌っていることで知ったので、小学生くらいには認識していました。それから自分のなかでレコードブームが起きたときにしっかりと聴き始めたのですが、中原めいこ節とでもいうべき歌詞とメロディがあって、素敵なセンスの持ち主だなと思います。中でも『ミ・ン・ト』っていうレコードはジャケットもすごく可愛くて好きです。

14 カラオケ
カルチャー

学生時代に通っていた田舎のカラオケボックスは、料金は激安、食べ物の持ち込みOKだったので、近所のコンビニで大量に調達してから向かっていました。地元から数駅離れたところだったので、朝7時の電車に乗って、夜の10時まで歌っているのとか普通でした（笑）。当時よく歌っていたのは、『マクロスF』の主題歌や、水樹奈々さんの曲。十八番は石川さゆりさんの「津軽海峡・冬景色」です。

15 Zipper
カルチャー

中高生のときに、周りのみんなと一緒に読んでいたのが『Zipper』でした。原宿のどこどこの古着屋さんが良い、という情報だけでドキドキしましたし、「読者モデル」の存在をはじめて知ったのも『Zipper』でした。読者モデルのことを「パチパチズ」と呼んでいたのですが、中田クルミさんやAMOちゃんとか憧れって感じで、その華やかさに思いを馳せていました。

16 AMO
アーティスト

『Zipper』で活躍していた読者モデルの中でもAMOちゃんが一番好きでしたね。じつは同じ誕生日ということもあって、勝手に親近感を抱いていました。一読者としても、趣味やセンスはピカイチだと思っていて、当時よく着ていた、ロリータっぽい、パステルカラーのファッションも似合っていたし、可愛かったです。

17 NYLON JAPAN
カルチャー

『Zipper』と同じくらい愛読していたので、一度Aqoursのみんなで表紙を飾ることができた時は、超うれしかったです。基本的に落ち着いた格好よりは『NYLON JAPAN』で紹介されていたような独特なスタイルが好きですね。

18 人見知り

長野時代

表に立つ仕事に就いているので、今はどこでも気を張って、誰に対してもきちんと対応するように意識しています。だから「人見知りです」と言ってもあまり信じてもらえない（笑）。でも、小学生のころ、仲の良い子以外と話すことができない時期があったんです。それは徐々に克服できたのですが、この〝人見知り〟は永遠の課題ですね。

19 水泳

長野時代

小学2年生から妹弟と一緒にはじめたのですが、珍しく自分から言い出して通っていました。水にもすぐに慣れましたし、泳ぎも得意だったんですけど、小学4年生のときに、波のあるプールに遊びにいったんです。普通、浮き輪をしていくようなところに丸腰で入ったから、溺れてリアルに死にかけました（笑）。なんとかクロールで抜け出すことができたんですけど、今思い出してもヤバいですね。人生で一番命の危険を感じた瞬間でした。

20 吹奏楽部

長野時代

小学校高学年〜中学時代の部活で、私はパーカッション担当でした。リズム感があまりなかったので、入部したころはめっちゃ怒られましたけど、最終的にはパーカッションのリーダーを任されました。楽器はバスドラやティンパニ、シンバルなども挑戦しましたが、マリンバのように音階があるものを多く担当しましたね。今ではできないですけど、片手でマレットを2本持ってマリンバを演奏することもできました。譜面が少し読めるのは、吹奏楽部にいたおかげです。

21 英語教室

長野時代

自宅から徒歩1分圏内のところに教室があって、小学生のころから中学1年生くらいまで通っていました。仲の良い同級生たちと楽しくやっていましたね。先生は日本の方でしたけど、今でも単語や文法の基礎くらいは覚えている感じですね。あとは、復活祭（イースター）とか、日本ではあまり馴染みのない海外の文化を教えてもらったのは印象に残っています。

22 ピアノ

長野時代

ピアノも自分からやりたいと言ってはじめた習い事ですね。幼稚園のころから通っていて、最初は楽しかったんですけど、バイエル（ピアノの教則本）でひたすら同じことをやるのが苦手で。それでも小学6年生くらいまでは続けていました。「継続は力なり」とはよく言ったもので、続けたことで楽譜も読めたり、簡単な曲なら少しは指も覚えていたりします。

23 放送委員

長野時代

声優になるステップとして選んだ部活でした。思った以上に大変な部活で、喋るよりも映像を作ることがメインという。カメラとビデオだけじゃなくて、パソコンや編集機材を使うこともできたので、それは貴重だったなと思いますね。放送委員っぽい仕事としては、お昼休みに好きな音楽を流したり、流行りのJ-POPを流したりしていました。まだ、オタクだったことを隠そうとしていた時期でしたね（笑）。

24 信州
長野時代

ホームシックはほとんどない人間ですけど、大人になってから、「地元は良いところだったんだな」と思うことは多いです。のどかで自然に囲まれたところなので、ゆったりとした時間が流れていて、何食べても美味しいし、ご当地のお酒やジビエもある。スキーとかみんなで楽しめるレジャーもあるし、軽井沢みたいな避暑地もあって、お金があれば優雅な暮らしもできる（笑）。わりと自由な生き方をしている人が多くて、そうした風土には影響を受けていますね。

25 ゲームボーイカラー
ゲーム機

同級生たちが遊んでいた一般的なゲームには疎かったのですが、任天堂のゲーム機は買ってもらって、幼少期に遊んでいましたね。ゲームボーイカラーは、ピンク色を買ってもらったのですが、今見てもデザインが可愛いですよね！　当時は、『とっとこハム太郎』や『星のカービィ』をプレイしていました。

26 キャンプ
長野時代

長野に住んでいたころは、家族で年1回、夏休みの時期にキャンプに行っていました。どの家庭でもキャンプに行くものだと思っていたのですが、そうでもないと知って驚いたり。お父さんがキャンプ好きだったので、たくさんキャンプ用品も買っていましたし、準備もだいたいやってくれました。子供の私たちはそれを眺めているだけ（笑）。私も車を持ったら、ひとりでキャンプをやるのも良いなぁって思います。

27 松本PARCO
長野時代

高校の同級生とよく通っていた、地元の一大カルチャースポットです。松本駅にMIDORIというファッションビルもあって、そこからPARCOにハシゴするのがルーティーンでしたね。雑誌に載っているような東京中心のブランドが店舗として入っていたりするので、いろいろ服も買いましたし、流行りを実感する場所でした。とは言え高校生なので高いものは買えなくて、よく見に行っていたのはLOWRYS FARMとか、WEGOとかですね。

28 槇原敬之

アーティスト

マッキーはお母さんがよく聴いていて、車の中にCDが常備されているアーティストのひとりでした。一番好きだったのは「遠く遠く」ですね。子供のころはたくさん音楽番組があったので、マッキーもよく出演していて。それを観て、子供ながらに「歌がめちゃくちゃすごい！」って思っていました。それこそ本間（昭光）さんはマッキーのバンマスやアレンジをやられていたので、自分が一緒にやっていることがたまに不思議に思います。

29 竹内まりや

アーティスト

竹内さんはお母さんが好きで聴いていた影響で、小さなころから聴いていました。特に好きだったのが、「すてきなホリデイ」と「毎日がスペシャル」で、その2曲が収録されたアルバム『Bon Appetit!』は何度もリピートしましたね。なので、竹内さんは「プラスティック・ラブ」がシティ・ポップとして再ブームになる前の、２０００年代初頭の作品から受けた影響が大きいです。もちろん「プラスティック・ラブ」も、（山下）達郎さんの主役かのようなコーラスも含めて最高です。

30 シド

アーティスト

中学のころにオタ活に励んでいた時期があり、そのころの友達がみんなシドを聴いていたんです。中でも同級生からオススメされた「ミルク」っていう曲と、「2℃目の彼女」という曲は、毎日のように聴いていました。シドは『黒執事』とか、アニメの主題歌もかなり歌っていたので、アニメを通して耳にする機会は多かったですね。シドのほかにも、V系と呼ばれるアーティストだと、ViViD や the GazettE は聴いていました。

31 Sound Horizon

アーティスト

サンホラは、すごく成績が良かった同級生が教えてくれたアーティストです。その同級生は、歌詞に隠された伏線とかも教えてくれて、「そういう壮大な音楽があるんだ！」というカルチャーショックを受けましたし、漫画にもなっていたので、それも読んでいました。「Ａｒｋ」とか「美しきもの」とか、有名な楽曲だけじゃなくて、アルバムも買って聴いていましたね。コード進行とかがアニソンに近いものがあって、そのサビの迫力には今でも「うわーっ！」ってなりますね。

32 漫画交換

カルチャー

学生時代、友達と漫画を交換するのが流行ったんです。自分が読んでいるものと、相手のイチオシの漫画を交換して感想を言い合うみたいな。普段は矢沢あいさんとか少女漫画メインでしたけど、私、『いちご１００％』が好きで、あるときそれを女の子の友達との交換に出したんです。少年〜青年向けだし、きわどいシーンもあるから心配だったんですけど、面白いと受け入れられたのがうれしかった思い出があります。ちなみに私は東城派です。

33 香港 海外

『カードキャプターさくら』の劇場版（１９９９年公開）の舞台が香港で、すごく印象に残っていました。……そんな香港に『ふりりんは文化』のロケで訪れることができたのですが、カラフルな巨大集合住宅地やヴィクトリアンピークなど、フォトスポットが充実していて……。ほかにも、市場が広がるスニーカーストリートなど、素敵な場所がたくさんありました。食も面白いものばかりで、中でも〝亀ゼリー〟が印象に残っています。また行きたいなぁ……。

34 GREE SNS

GREEを通じて、お互いの顔を知らないような人ともコミュニケーションを取っていました。声優を本格的に目指そうとしている時期だったので、プロフィールのところに声優さんの声真似をしたボイスサンプルをアップしていて。それがきっかけで、ある女の子とは、アフレコの真似事みたいなことを一緒にやっていましたね。具体的には、自分たちで音を消したアニメの映像に、それぞれの声を当てたものを組み合わせたりしていました。

35 ニコニコ動画 カルチャー

コメントをするほどハマっていましたけど、自分で配信しようと思ったことはなくて、観る専門でした。ＭＡＤ動画が流行っていた時期だったので、ランキング上位のものはとりあえずチェックして、他人の辛辣なコメントに笑ったり。あのカルチャーにはどっぷり浸かっていましたね。好きだったのは、歌い手であり、声優さんの声真似をしていた「リモーネ先生」とか。だから、「ふりりんは文化」でニコ動に冠番組を持つことができたのはうれしかったですね。

36 歌い手 カルチャー

昭和モノも大好きですが、リアルタイムではニコ動やFLASHアニメが流行っていた世代なので、その中で歌い手さんが歌う楽曲もよく聴いていたジャンルのひとつです。初音ミクちゃんの曲を歌い手さんが歌っているのを聴いて東方Projectさんも知りました。歌い手さんは、ボーカロイド用の楽曲を歌いこなすくらいなのでシンプルに歌がうまいんですよね。才能のある人たちがあの時期のニコ動にはたくさんいたんだなと思います。

37 CD カルチャー

私たちの年代だと、一番簡単に触れることができた音楽メディアはＣＤです。最初に買ったＣＤはオレンジレンジだったと思います。新品も買っていましたけど、例えば『らんま１／２』の主題歌や挿入歌とか、少し時代が遡るものは中古で購入していました。当時習っていた水泳を頑張って、大きなコンポを買ってもらってからはよりいろいろ聴くようになりましたね。

Part 2

上京〜専門学校篇

降幡、声優の専門学校に入学するため上京する

昔から、「長野にはずっといないんだろうな」とどこかで思っていたのですが、高校を卒業して、声優学科のある専門学校に進学したのを機に上京しました。ちょうど声優ブームだったのもあって、同じクラスの女の子が、同じ専門学校に進学して同じ女子寮に入るという偶然もあって。寮でも隣の部屋という（笑）。気持ちとしては「もう東京でやっていくんだ！」と心を決めていたから、ポジティブな気持ちで溢れていました。ホームシックは思っていたよりなかったんです（笑）。実家から離れて、女子寮とはいえ親元から離れてひとりで暮らすという解放感もありましたし、声優の勉強という、やりたかったことをやっていくことの楽しみが勝っていましたね。

学校は2年制で、恵比寿にある「アミューズメントメディア総合学院」[*36]の声優タレント学科に通っていました。学校に入って最初に受けたのは、アフレコ[*37]の授業でした。1カ月かけてひとつの作品に声を当てていくもので、アフレコは楽しいと教えるための実技でしたね。それが終わったら、あとは1年の間、ひたすら基礎を学びました。もう基礎やだー、と思うくらい。滑舌や腹筋を意識した発声をはじめ、声

*36
アミューズメントメディア総合学院

クリエイターの育成を主としている専門学校。東京・恵比寿のほか、大阪・西中島にも校舎を持つ。略称は「AMG」。降幡が所属していた声優学科のほか、ゲーム、アニメーション、小説・シナリオ、マンガ・イラストなどの学科がある。声優学科の卒業生として、伊藤かな恵、小林裕介、柿原徹也、羽多野渉などがいる。

*37
アフレコ

アフター・レコーディングの略。アニメの現場でいえば、先に上がっているアニメ映像を見ながら声を当てていく録音のこと。だが、アニメ映像が完パケしていることは稀であり、線画をつないだだけのオフラインと呼ばれる状態で声を当てることも多い。また、コロナ禍以降は、集団でのアフレコが極力避けられている。

優として大切なことを繰り返し何度も練習しましたね。
　そこに苦労は感じませんでしたけど、専門学校に入って世界が広がったことで、声優という仕事がアニメの中だけのものではなく、お芝居という大きな表現のひとつであることを痛感しました。それまでは、アニメの中にしか道がないと思い込んでいたのですが、ひと口に声優さんといっても、外画[*38]の吹き替えもあればナレーション[*39]もあるし、舞台で活躍されている人もいるし、アイドルとして歌を歌っている人もいる。さらに子役から声優に転向された人もいるように、何かを表現する役割のひとつでしかないんですよね。私はシンプルに声だけで表現できれば良いや、と考えていたのですが、そんなことはまったくなかったです。講師にも、どんな本が好きなのか、どんなミュージカルや映画を観に行くのかなどをたくさん質問されて、そのたびに「なんにも知らないな」と。そういう閉ざされていた自分に最初のころはショックを受けましたね。

ダンスの楽しさを学んだ1年時の基礎レッスン

　1年生の時は、午前クラス、午後クラスに分かれたうちの午後クラスに所属して

*38 外画
日本語を用いていない、外国で制作された映像作品のこと。声優・映像業界では外画と略すことが多い。

*39 ナレーション
映画や演劇をはじめ、ドキュメンタリー、バラエティなどで、物語の導入や今後の展開、またはキャラクターの感情（内面）を説明すること。物語の登場人物本人が務めることもあれば、本編に登場しないまったくの第三者が務めることもある。また、ナレーションを担当する人物のことはナレーターと呼ばれる。

いました。午前クラスは比較的きっちりした子が多かった一方で、私が所属する午後クラスはなぜかアウトローというか、はみ出し者が集まっていました（笑）。14時からスタートして夜の20時に終わるカリキュラムを、週5日、みっちりと繰り返して。基礎しかやっていないと書きましたけど、具体的には、演技表現というよりも、感情表現に近い授業が多かったです。泣いたり笑ったり、自分の感情をいかに解放できるかが試されました。

専門学校の同期には、大学を卒業してから入学された年上の人や、「本当にアニメが好きなのだろうか？」というような人まで（笑）、いろんな経歴の人がいました。年齢もバラバラだったので、22歳や24歳くらいの同級生たちはすごく大人に見えましたね。しかも、全国から人が集まっているので、方言[*40]を修正するのが大変そうな同級生もいました。長野は標準語とそれほど大きな違いはないのですが、「半袖」のアクセントが「は」にあったり、「次は」の「つ」にアクセントがあったりするので、そういう微妙なイントネーションの違いは収録の時に今でも意識しています。むしろ、それまでは方言だとも思っていなかったくらいなので（笑）。

当時、個人的に気が重かったのはダンスの授業です。最初はダンスに慣れなくて「人前で踊るのとかムリ」と思っていて、後ろのほうでコソコソ隠れてやり過ごし

*40 方言
降幡は長野県中信地域出身。「〜だもんで」、「〜してくれただよ」といった、三河〜遠州地方の方言に近い言い回しもある。

ていたんです。当然、テスト本番も踊れなくて、ダンスの講師にめちゃくちゃ怒られました。それからダンスの曲を聴くだけで鳥肌が立つくらいのトラウマに……。でも、2年生の時に、グループで踊るダンスの授業があって、それは自分たちでフォーメーションを考える自由度の高いものだったんです。グループでできるのが肌に合ったのかすごく楽しくて、かつてテストで激怒された講師にも褒めてもらいました。そこで「ダンスは楽しいものだ」とトラウマを克服できたのは本当に良かったなと、その後の自分のキャリアを考えると思います。

怒られたエピソードとしてもうひとつ記憶に残っているのは、朗読劇の授業です。朗読劇といっても、舞台で演じるので見た目に合わせた役が回ってくるのですが、私は幼いピュアな女の子の役に選ばれたんです。だけど、朗読を指導する講師に「あなたは目が曇っている」と言われて（笑）。確かに私も斜に構えていたところはあったと思うのですが、当初の役からどんどん端っこの役に降格させられていった時はキツかったですね。その舞台では、自分たちで照明や音響も担当していました。そこで舞台は役者だけではなく、いろんな役回りの方が作ってくれているんだと実感しました。

声優としての心構えを教えてもらう

もちろん悪いことや辛いことばかりではなくて、声優としての心構えにおいて、すごく重要なことを教えてくださった人もいらっしゃいます。特に印象に残っているのは、滝沢久美子[*41]さんですね。滝沢さんは『ふしぎの海のナディア』[*42]のグランディス・グランバァ[*43]役や、外画の吹き替えなどで活躍されていた声優さんで、2年になって初めてのアフレコの授業で褒めてくださったんです。「あなたの声はキャラとすごく合っているわ！」と言っていただいて、心の中で「よっしゃ！」とガッツポーズでした。次の週のアフレコの授業でも、同じような声と演技で臨んだら、今度は「あなたなんでそんなに怠けているの？」と指摘されたんです。自分としては同じテンションでやったつもりだったんですけど、惰性で取り組んでいたのを見透かされてしまいました。毎日一緒にいるわけでもないのに、そういう態度や感情が声を通してすぐにバレてしまうし、それを指摘できるのがプロなんだなと、改めて気を引き締めた出来事でしたね。それからは、ただ同じ声を出すのではなくて、その時のキャラクターの感情に合わせて演じることの重要性を意識するようになりました。だから、滝沢さんとの出会いはすごく大きかったですし、そのことへの感謝

*41 **滝沢久美子**
声優。81プロデュース所属。1970年代から声優として活動し、アニメのみならず、外画の吹き替えも多く担当した。主な出演作に、『風船少女テンプルちゃん』（テンプル役）、『ゼンダマン』（さくらちゃん／ゼンダマン2号役）など。2022年6月、逝去。

*42 **ふしぎの海のナディア**
1990〜1991年にNHKで放送されたSFアニメ作品。総監督は庵野秀明。発明好きの少年ジャン・ロック・ラルティーグと、彼がひと目惚れした美少女ナディアがノーチラス号の乗組員となり、秘密組織ネオ・アトランティスとの戦いに巻き込まれていく物語。

*43 **グランディス・グランバァ**
『ふしぎの海のナディア』に登場するグランディス一味のリーダー。ナディアが持つ宝石を狙っていたが、のちにノーチラス号の一員となり、共に戦う道を選ぶ。滝沢久美子が声優を担当した。

を言えなかったことは、今も心残りです。

人生で初めてオーディションで選ばれ、喜ぶ

専門学校ならではの体験でいうと、他のコースと協同で企画に取り組むこともありました。1年生の時、ゲーム科の人たちが制作したゲームに声優として参加するためのオーディションがあって、そこで選ばれたんです。シルバーの髪が特徴的な、アンドロイドの女の子でした。人生で初めてオーディションで受かった瞬間だったのですが、この経験がすごくうれしかったのは、自分は背が低いし、見た目がボテッとしているにも関わらず、まったく違う容姿のキャラクターを演じられたことでした。

以降も、専門学校時代はそうやっていくつか役をもらうことができたのですが、意外と大人の女性の役が多くて。声のトーンで言えば、私が今やっているソロの歌手活動に近い、大人で低めの声。最近は小さい女の子や小柄なキャラクターに対して可愛らしい声を当てる機会が増えてきていますけど、専門学生時代は、大人しくて凛とした女性の声を担当することが多かったんです。だから、「降幡が黒澤ルビィ[*44]の声をやるの?」って、専門時代の同級生はびっくりしていたと思います。自分

---

*44 黒澤ルビィ
降幡が声優を務めたキャラクター。TVアニメ『ラブライブ!サンシャイン!!』に登場するAqoursのメンバーで、同じメンバーである黒澤ダイヤの妹という役どころ。

*45 V系
1990~2000年代に流行したロックバンドの1スタイルで、ビジュアル系の略。V系と言っても幅は広いが、「派手なメイクと中性的とも言えるファッション」、

でも大人の声のほうで選ばれることが多かったので、アニメよりも、外画の吹き替えやナレーションに向いているのかなと、専門学校にいたころは感じていましたね。それくらい、学校にいる間は、自分の声とずっと向き合うことになりました。昔は男っぽい雰囲気でこの声だったので、すごくイヤだったんですよ。もっと低い声、ハスキーな声が良いってずっと思っていました。それが「武器になっている」と周りから言われて、発声をきちんとやっていく中で低音も出せるようになったので、今は全体的にレンジの広い声を持っているという認識です。高い声から低い声まで出せるのが、私の声優としての特徴にもなりました。

上京して、触れるカルチャーが広がる

上京して、専門学校に入ったことで、触れられるカルチャーの数も多くなりましたし、幅も広がりました。アニメも漫画も好きでしたけど、同級生にV系[*45]やＥＤＭ[*46]を教えてもらうこともありました。美術館巡りやカメラに興味を持って、蜷川実花[*47]さんの仕事に興味を抱くようになったのもこの時期ですね。ただ、お金は本当になかったので、下北沢にある安い古着屋で１００円レベルの服ばかり買っていました

「耽美、妖艶な世界観」を持つバンドのことを指す。古くはX JAPAN、BUCK-TICK、2000年代にはthe GazettE、シド、アンティック-珈琲店-などが人気を獲得した。

*46 EDM
2000年代以降に流行した音楽ジャンルで、エレクトロニック・ダンス・ミュージックの略。ダブ・ステップやフューチャーベース、トラップと内包するジャンルは多彩だが、主に「ULTRA JAPAN」などに出演するDJ、トラックメイカーが流す音楽の総称と捉えることができる。

*47 蜷川実花
写真家、映像作家、映画監督。写真家としてデビュー後、映像業界にも進出。AKB48「ヘビーローテーション」のMVを監督したことで有名。映画監督として『さくらん』や『ヘルタースケルター』などを手掛けた。父は舞台演出家の蜷川幸雄。

（笑）。もともと、古着が好きなのもあって、安いなりになんとかおしゃれにしようと考えていましたね。普段は寮で自炊しつつ、外食する時も大体はマックかサイゼリヤ（笑）。

専門学校のころに住んでいたのは女子寮だったのですが、専門学校だけの寮ではなくて、いろんな大学や専門学校の子が暮らしている寮でした。早稲田や青学の子がいたり、寮でイベントがあったりもしました。ハロウィンとかクリスマスになるとパーティーもありましたね。ザ・女子会という感じの。なので他の学校に通う子たちともそういう形で交流はあったんですけど、私は授業やバイトで夜が遅いこともあって、あまり参加はできませんでした。

学校が恵比寿だったので、渋谷〜代官山[*48]もちょくちょく歩いていました。おしゃれなカフェもいっぱいあったのですが、学生はとにかくお金がないので素通りです（笑）。そうだ、ちょうど学校を卒業するタイミングで、東横線の地上にあったホーム[*49]がなくなったんです。あれはちょっと寂しくて、ウルッときましたね。

*48 代官山
恵比寿〜渋谷の間にあるエリアで、「代官山蔦屋書店」や、「代官山アドレス・ディセ」などおしゃれな商業施設が立ち並ぶ地域。正式な地名としては代官山町である。

*49 東横線のホーム
東急東横線「渋谷駅」の地上ホームのこと。2013年3月、85年続いた営業に幕が下ろされた。その翌日から地下ホームが開業している。

大都会・東京でのアルバイト

学業の合間には、アルバイトもしていました。上京したてのころは、寮の近くにあるコンビニ[*50]でバイトをしていました。午後から授業がはじまるクラスだったので、早朝からお昼までの時間帯。同じバイトに入っていた子たちとは仲良くなったので、今でも連絡を取り合うことがあります。ちなみになぜコンビニでバイトをしていたかというと、「お弁当、あたためますか?」と言いたかったから（笑）。本当にそれだけで決めました。ただ、働いているエリアがわりとお金持ちが住んでいるところで、早朝だとジョギング帰りのマダムや、ゴルフバッグの配送を持ち込むおじさんがけっこういたんです。想像もしていなかった役割も多くて、東京にはいろんな生活スタイルがあるんだなと、アルバイトをしながら感じていました。

2年生になり、すべてがポジティブに転がり始める

専門学校に入学して、声優も役者であり、表現者だと実感するカルチャーショックはあったものの、専門学校を辞めよう、と思ったことはなかったですね。両親が

---

*50 コンビニ
コンビニエンス・ストアのこと。時間に融通がきく学生をはじめ、ミュージシャン・俳優志望などが深夜や早朝のシフトに入るパターンが多い。

快く行かせてくれましたし、1年はどうにか頑張りたいと思っていました。2年になったらなったで、学校生活が一気に楽しくなったんですよ。滝沢久美子先生や松井菜桜子先生[*51]の授業も本当に勉強になりましたし、すべてが楽しい方向に転がっていったんです。2年からはクラスも変わって、新しいクラスの子たちとはウマがあったこともあり、一緒にディズニーランドへ卒業旅行にも行きました。1年の時に比べると2年のクラスは授業や声優業に前向きな、ポジティブな空気があったんです。そこで芝居も楽しいと思えるようになって、このまま声優の仕事に就くことができればと強く思いました。

アニメを観ることが〝仕事〟になる

アニメも専門学校時代はたくさん観ました。やっぱり自分は80年代のアニメが好きだったし、学校の講師のみなさんも当時のアニメに出ている人が多かったんです。『美少女戦士セーラームーン』[*52]でちびうさを演じていた、荒木香衣[*53]（旧芸名：荒木香恵）さんや、『ダイの大冒険』[*54]で、旧アニメ版時代のゴメちゃんを演じていた冬馬由美[*55]さんなどがいらっしゃって、みなさんが活躍しているアニメや外画の吹き替え版は

---

*51 **松井菜桜子**
声優。アップアンドアップス代表。80年代から声優としての活動を開始し、主な出演作に『名探偵コナン』（鈴木園子役）、『機動戦士ガンダムZZ』（ルー・ルカ役）などがある。アミューズメントメディア総合学院ではアフレコの授業を受け持っている。

*52 **美少女戦士セーラームーン**
1992年に連載がスタートした武内直子による漫画作品で、連載と同時にテレビアニメの放送もスタートした。ミュージカル化やテレビドラマ化もされた大ヒット作で、2022年からは、30周年プロジェクトが進行中。

*53 **荒木香衣**
声優。所属はフリー。主な出演作に『美少女戦士セーラームーン』（ちびうさ役）、『ふしぎ遊戯』（夕城美朱役）、『デジモンアドベンチャー』（八神ヒカリ役）などがある。

何度も観返しましたね。

アニメーションの表現って、80年代～90年代～2000年代と、どんどん変化していったじゃないですか。最近ではCGを使うのも当たり前の時代になりましたし。それと並行して、声優のお芝居もどんどん変わっているんですよね。専門学校に通っていたころは、2010年代前半で、巷では〝日常系〟というか、普通のテンションで喋る、自然体の演技が主流となっていました。あまり大きな芝居は求められていなかったように思います。私はどちらかと言えば大きな芝居が好きだったので、誇張やギャグも大量に含まれていた80年代のアニメが好きなんだと思います。でも、ただアニメ好きだった中高生のころに比べたら、純粋に内容だけを楽しめなくなったのはありますね。そういう時代のお芝居の違いには自然と目がいきますし、制作会社はどこなんだろう？とか、そういう職業的な見方になっていましたね。

卒業が近くなり、事務所選びが本格化する

学校の卒業間際になると、実際に仕事をいただいて、アフレコ現場に入ることも幾度かありました。外国映画の吹き替えの現場では、前野智昭[*56]さんとご一緒するこ

[*54] **ダイの大冒険**
正式名称は『ドラゴンクエスト ダイの大冒険』。『週刊少年ジャンプ』誌で連載されていた『DRAGON QUEST ―ダイの大冒険―』を原作としたアニメで、初アニメ化は1991年。二度目のアニメ化は2020年に行われた。降幡は再アニメ化版で、ゴールデンスライムのゴメちゃんを演じた。第97話は涙なしには見られない。

[*55] **冬馬由美**
声優、ナレーター。ALLURE&Y代表。主な出演作に、『ドラゴンクエスト　ダイの大冒険（第1作目）』（ゴメちゃん役）、『ああっ女神さまっ』（ウルド役）、『テイルズ オブ シンフォニア』（リフィル役）などがある。現在、アミューズメントメディア総合学院では基礎特訓の授業を受け持っている。

とができました。のちに『ダイの大冒険』でも共演するのですが、前野さんの演技を間近で見て「やっぱりすごいな～」と感心したのは覚えています。前野さんは声がはっきり通るんです。現場でも、準備運動として筋トレやストレッチみたいなことをされていて、収録がはじまったらすぐにスイッチが切り替わって役に入っていて。私はどんくさいから現場でもワタワタしちゃうんですけど、「これがプロなんだな」と。

そうやって在学中から経験を積ませてもらっていたのですが、卒業が近くなると考えないといけないのは、事務所選びです。私が通っていた専門学校は、声優事務所に所属するための学内オーディション[*57]がかなり多く開催されるのが特徴で、専門学校を選ぶ時もそれが決め手となりました。チャンスはなるだけ多くあったほうが良いですからね（笑）。参加してくださる事務所は大手から中小まで様々で、やはり大手ほど選ばれるのが難しくなります。オーディションへの参加は自由なので、所属したい事務所があれば自分で手を挙げて参加するようなシステムでした。私は大手には向いてないと思っていたのであまり受けなかったのですが、講師に「あなた、もっと受けなさいよ」と言われて、大手事務所の選考でけっこう良いところまで進んだこともありました。なので2年生になると、少しずつ準備を進めないといけなくて、10～11月には、先輩たちの経験が記された「就活ノート」を閲覧したり、

[*56]
前野智昭
声優。アーツビジョン所属。アミューズメントメディア総合学院卒業。主な出演作に、『弱虫ペダル』（福富寿一役）、『KING OF PRISM』（速水ヒロ役）など。『ドラゴンクエスト ダイの大冒険（第2作）』ではクロコダイン役を演じ、降幡と共演している。

[*57]
学内オーディション
学内にプロダクション関係者を招き、オーディションを行うシステムのこと。複数のプロダクションが参加する合同オーディションと、ひとり1社によるマンツーマンオーディションの2パターンがある。

先輩たちが在籍している事務所を訪問したりしました。年が明けて1月に入ると、事務所選びも本番。学内オーディションが本格的にスタートして、卒業する3月までに決めるのが、声優になるためのひとつのルートでしたね。

学内オーディションに参加してくださるプロダクションによって、所属の条件も違いました。オーディションに受かれば正式に所属できるところも、預かりや準所属[*58]になるところ、またそこからさらに養成所に送り込まれるところもありました。私はなるべくすぐに所属したかったので、オーディションでもそういう条件のところを中心に探していましたね。

クラスの中でも、目立つ子や優秀な子はやっぱりすぐに決まるんです。「やべぇ、みんなどんどん決まってる！」って焦りました。私はその中で、なかなか決定まではいけませんでしたね。

ようやく所属事務所[*59]が決まったのは、本当に卒業寸前、2月から3月にかけての時期でした。それが以前、所属していた事務所になるのですが、学校のOB・OGもいましたし、ファミリーっぽい雰囲気が決め手になったと思います。とりあえず卒業もできて、事務所も決まって、母親にも「決まりました〜。これからもなんとかやっていきます！」と、報告することができました。

*58 預かりや準所属

声優事務所に所属といっても、様々なパターンがある。預かり所属は、研修期間、試用期間に近く、事務所の査定をクリアして準所属や本所属に昇格できる。預かりの期間は原則2年、最長4年までとなっており、この期間内に所属を目指さなければならない。準所属はそのひとつの上の段階で、待遇は本所属と同じだが、一定の査定基準が存在し、それをクリアすることで本所属となる。車の免許で言えば、預かりは仮免許、準所属は初心者マーク、といったところ。

*59 所属事務所

降幡は専門学校卒業後、前所属先であるオフィス・ティービーに所属した（2021年9月に退所）。

Column

声優業界の変化と、自分の立ち位置を確かめる

金銭面の不安はなかったというか、あれだけお金がないと言っておきながら（笑）、あまりお金に関して執着はなかったですね。声優の稼ぎに関しても、恥ずかしい話、実際に仕事にするまでは全然ピンときていませんでした。ただ、アフレコにもイベントにも引っ張りだこだし、声優って忙しいんだなと。私が卒業するくらいから、声優という職業への考え方も、声を当てることが中心の仕事から、人前に出て歌って、踊れて、お話できて、というふうに本格的に変化していったように思います。私も、徐々に覚悟はできてきましたが、「こんなにおしゃべり上手じゃないといけないの？」と、演技とは別のプレッシャーには悩まされました。ラジオやイベントのMCは、コミュニケーション能力とある程度の知識がないとうまく話せないことが多いし、いろんなジャンルを知っておいたほうが良いじゃないですか。私はまだ足りない！と、少し焦りもありました。なにせ、自分のトーク力にまったく自信はなかったので（笑）。今でこそひとりでも話すことは増えましたが、あまり喋るのは得意じゃないなと今でも思っています。それこそ、初めてネットラジオでMCをしたときは、もう拙い喋りが苦痛で苦痛で。

それでも、なるべく任されたことは失敗しても良いから、真剣に、積極的にやっていこうと思いました。

SHIBU

Part 3

声優としての第一歩～新人声優篇

新人声優として、オーディションを繰り返す

事務所に所属してからは、まず事務所のスタッフや先輩方にあいさつ回りをする機会がありました。よし、ここからスタートだ！という意気込みも、なにもわからないなりにあったように思います。それからは、所属している先輩方からレッスンを受けられる日が月1であったので、それには定期的に参加していました。あとはオーディションを受け続ける日々でしたね。もちろん、声優だけでは食べていけないので、ずっとアルバイトをしていました。給料日の前日にはまったくお金がないという状況もよくありましたね（笑）。そのころ、弟が大学に入学するために上京してきたので、ふたりで同居することに。姉だし長女だし、一応、学校を卒業した社会人だからしっかりしなきゃと思いながらも、金銭的な余裕はまったくなかったです。

事務所に入って初めていただいた仕事が、アプリゲームの『白猫プロジェクト』[*60]です。男の子の王子と、ちょっと病んでる感じの男の子、そこになぜかおばちゃんという3役を担当しました。同じ収録現場で、緑川（光）[*61]さんが収録されている現場を見ることができたのを覚えています。緑川さんは、収録スタジオでもずっと平

*60 **白猫プロジェクト**
2014年から配信がスタートしたゲームアプリで、ジャンルはファンタジーアクションRPG。降幡は、アレクサンダー、チッチョ、グリーズという3役を担当した。

*61 **緑川光**
声優。青二プロダクション所属。1998年に声優デビュー。主な出演作に、『SLAM DUNK（TV版）』（流川楓役）、『新機動戦記ガンダムW』（ヒイロ・ユイ役）、『坂本ですが？』（坂本役）、『あんさんぶるスターズ！』（天祥院英智役）など。

常心で、「プロってここまで動じないのか」と驚きました。ゲームなので、掛け合いというよりは一つひとつのセリフを次から次へと収録する形式なのですが、緑川さんはディレクターさんに読み方やイントネーションをパパッと確認して、あとはもうスッと本番に。あのスタジオでの振る舞いを最初に見ることができたのは本当に貴重でした。

仕事が上手くいかない日々。その中での暮らし

それから20歳の誕生日直前に、大きなシリーズ作品でスタジオでの最終オーディションまでいけたことがありました。もしかしたら……と思いましたけど、一緒に受けたある声優さんの演技を間近で見たときに、「これはこの人が受かるんだろうな」と思ったら、その通り合格されて。あの時のスタジオで感じた空気は忘れられません。仕方ない、自分もどうにかしなきゃ、と思いながら結局1年くらいが経過して。もうこれがダメなら……というタイミングで受けたのが『ラブライブ！サンシャイン!!』[*62]のオーディションだったんです。それが20歳から21歳にかけての時期でした。

[*62] **ラブライブ！サンシャイン!!**
KADOKAWA、ランティス、サンライズによる『ラブライブ！』シリーズの2作目。2016年に第1期が、2017年に第2期が放送。2019年には劇場版が公開された。降幡は黒澤ルビィ役として参加。Aqours のメンバーとしても活動している。

それこそルビィ役が決まるまでは、ひとりで淡々とオーディション[*63]を受けるだけの日々を過ごしていました。早くちゃんとした声優にならなきゃいけないという思いが日に日に増していました。

唯一の息抜きだったのが、当時のアルバイトですね。アパレル業で女性だらけの職場だったのですが、そこの先輩たちとはいまだに仲良くしています。声優の仕事がほとんどなかった1年~1年半の期間はアルバイト！　アルバイト！っていう詰め込み方だったので、そこで友達や相談できる人ができたのはありがたかったです。でも、仕事がない時というのはなかなか悪いことが重なるもので……当時は弟とともに下町に住んでいたんですけど、アルバイトが遅くなった帰り、変なおじさんに自転車で追いかけ回されて。その時は「声優になるんだ！」、「もっと広いところに住みたい！」と、心から思いました。バイト先でも、下町時代はダイレクトなクレームが多くて（笑）。「はい。はい。わかりました」と話を聞いていても「何だその目は！」と突っ込まれたりしたこともあったので、「もともと、こんな顔なんで」と不遜に返したりもしていました（笑）。

*63 オーディション
主役級になれば複数の段階に分かれることが多く、書類・ボイスサンプル、音響監督の推薦などでピックアップされた声優の中から、テープ審査（声優が設定に合わせてセリフを吹き込んだものをデータで送ってもらい、審査する）ののち、実際にスタジオで演技を披露する実技審査で合否が判断される。

本名で活動しようと思った、その理由

上京して事務所に入ってからの3年間くらいは、あまり実家にも帰りませんでした。それこそ年1回くらい、正月に顔を出せれば良いかなというくらいで、成人式[*64]にも出席していません。上京している友達も多かったので、近況は知られていたんですけど、地元で暮らす同級生に「今、何してるの？」とか言われるのが少し怖かったんです。いつか自分の名前がエンドロールにのるまでは、と心のどこかでは思っていたのかな。実際、地上波のテレビに出演した時は、同級生から連絡が届いたり、友達の友達が結婚するから、メッセージもらって良い？とか連絡が来たりするようになって、「あぁ、良かったな」と。関連した話をすると、事務所に所属した時に、本名でやるのか芸名でやるのか選択ができたのですが、本名でやりたいと言いました。それは、「あいぼー」と言われるくらいボーっとしていた自分でも、今はこういうことやってます！と宣言したかったというか、見返したいとまでは言わないですけど、そういう生き方を自分で肯定をしたかったのかなと思います。芸能一家でもないごくごく普通の家庭に育って、普通に生きてきた私の存在証明になれば。にしては、なぜかひねくれてるところも多いですけど（笑）、これで意外と聞

*64 成人式
元々は、法律上も成人となる20歳を迎えたことを祝うイベントであったが、2022年から成人年齢が18歳に引き下げられたため、成人式も「二十歳のつどい」といった名前で開催されている。

き分けは良かったりします。

アルバイトを辞めることができたのは、あの仕事のおかげ

2015年にオーディションを受けて、『ラブライブ！サンシャイン!!』に参加することが決まりました。その後、本格的にダンスと歌のレッスンがはじまって、2016年にはアニメが放送されることになります。アニメ放送開始からの2年間くらいは本当に慌ただしくて、あまり記憶がないくらい。そこでようやくアルバイトも辞めることができて、声優とそれにまつわる仕事だけで生活できるようになりました。ここが私のスタートになった、という感覚もあります。

声優になろうと思って専門学校に入って、それから事務所に所属してデビューもして……。ただ、私の思い描いていた声優としての活動とはかなり違うものになったのも確かですね。CDデビューもライブデビュー[*65]もできたわけですけど、そこで自分を見失わなかったのは、ひとりじゃなくて、グループとして行動していたからだと思います。他のメンバーの、それぞれの声優としてのあり方、生き方を見て、自分の立ち位置を客観的に考えることができたので。声優という仕事自体が基本的

[*65] CDデビュー／ライブデビュー
2015年10月に、Aqoursとしてのファーストシングル「君のこころは輝いてるかい？」がリリースされている。Aqoursのファーストライブ『ラブライブ！サンシャイン!! Aqours First LoveLive! ～ Step! ZERO to ONE!! ～』は、2017年2月に、横浜アリーナで開催された。

に個人戦なので、職場でライバルｏｒ味方みたいなスリリングな状況に放り込まれることもあるんです。そういう状況を相談できるような人や事務所が身近にいないと、なかなか判断が難しい。そこでフラストレーションを溜めて、悪い方向に転がってしまうような例はやはりあると思います。それを考えると、グループでの経験やそこでできた仲間というのはかけがえのないものですし、今後を生きていく上での大きな判断材料になっていますね。加えて、私は状況をめっちゃ分析します。その上で、最終的には「ま、いっか」という精神というか、楽観的な部分があるので、それが精神衛生的にも良いのかなと思います。

声優がしっかりと生きる道に

『ラブライブ！サンシャイン!!』の活動が続く中で、仕事量も増えましたし、仕事の幅も広がっていきました。声優としても、いろいろなアニメやゲームに参加できましたし、カメラの連載や写真集の発売、ラジオやニコ生のレギュラーも決まっていって。アニメの仕事では、『ドラゴンクエスト ダイの大冒険』で、２年間にわたってゴメちゃんを演じることができたのは思い出深いですね。漫画、アニメ好き

---

*66 **劇場版 誰ガ為のアルケミスト**
2016年にスタートしたゲームアプリを原作とした、サテライト制作の劇場アニメ作品。総監督は『マクロス』シリーズで知られる河森正治。降幡は第3章の主人公であるリズベット・フィン・ルストブルグを演じている。

ならみんなが知っている有名マスコットキャラですし、以前アニメ化された際の声優が、専門学校で講師をされていた冬馬由美さんで、それには縁も感じていましたね。もうひとつ、アニメとしては、スマホ用のシミュレーションゲームを劇場アニメ化した『劇場版　誰ガ為のアルケミスト（以下、タガタメ）』[*66]です。私は第6章まである中の、第3章の主人公であるリズベット・フィン・ルストブルグに選ばれたんです。アフレコ現場では本当に緊張していて、他のキャストのみなさんに支えてもらいながら何とかマイクの前に立たせてもらいました。『タガタメ』の総監督は、『マクロス』シリーズで知られる河森正治監督で、現場でもお話することができたのですが、すごく優しくて懐の深い方で、そこには感動もありましたね。

現在でも続いている仕事だと、初音ミクちゃんのアプリゲーム『プロジェクトセカイ カラフルステージ！ feat. 初音ミク（以下、プロセカ）』[*67]で、「MORE MORE JUMP!」というユニットの桃井愛莉役を演じています。学生時代にハマっていた初音ミクちゃんにまつわる仕事に参加できていることは光栄ですね。

そうやって声優になってから、8年が経ちます。その間、私たちが関わることができる媒体というのが、声優になろうとしていた時代よりもかなり増えました。例えば、ASMR[*68]とか、スマホで見られる漫画に声を当てるとか。昔はアニメやゲーム、

---

*67 **プロジェクトセカイ カラフルステージ！ feat. 初音ミク**
初音ミクを中心としたプロジェクトのひとつで、セガが開発を担当したリズムアドベンチャーゲーム。通称『プロセカ』。「Sensor Tower APAC Awards 2022」によれば、2022年に、日本でもっともダウンロードされたゲームとのこと。ゲームを軸にしたメディアミックス展開が行われており、ゲーム中に登場するユニットがCDデビューも果たしている。

*68 **ASMR**
「autonomous sensory meridian response」の略称で、ここでは聴覚を刺激することで心地よい感情や「脳をくすぐられる」感覚を呼び起こす装置、現象のこと。立体感や臨場感を再現するのに長けたダミーヘッドバイノーラルマイクを使って声を収録することが多い。

外画の吹き替え、ナレーションなどが声優さんの仕事というイメージでしたけど、それだけではない部分でも多くの仕事が生まれていて。テレビのバラエティでも、声優さんを見ない日はないですもんね。以前は、声優に対してオタク、マニアのものとして毛嫌いする方も多かったと思いますけど、今、美容室でも美容師の人が「推しの声優さんがいます」と言ってくれますし、業界全体のステータスが上がったのは感じます。声優になった当時の世間って、やっぱり「声優です」と大手を振って言える人は限られていましたし、私も友達に言うと気まずい雰囲気になるかもと思って、敢えて言わない時もありました。なので、そのころから比べたら、良い環境でやらせてもらえていると思います。

38 山田悠介 作家

小学生の時に学校中で流行っていた作家さんですね。映画化も漫画化もされた『リアル鬼ごっこ』とか『親指さがし』とか、山田さんが書いた作品は読みやすくて、著書は何冊か読んでいます。ホラーは苦手で、実写系だと怖くて無理なんですけど、小説だったら自分のイマジネーション次第なので、楽しめるんですよね。実写系のホラーでも、『グレムリン』とか『グーニーズ』みたいな作品だったら大丈夫です。

39 有川浩 作家

『図書館戦争』で知られる小説家の方で、私は『レインツリーの国』という小説が好きですね。そもそもは、『図書館戦争』シリーズのひとつ『図書館内乱』にその名前が登場する小説で、それを実際に書き起こしたものです。ストーリーとしては、耳が聞こえない女性と、ネットを介して知り合った男性との恋愛モノなのですが、有川さんの繊細な心情表現が人間そのものを描いていて、胸を打たれます。

40 iPod(nano) カルチャー

CDのあとはMD（ミニディスク）が一時期流行って、専門学校のときは、舞台音響を流すためにMDを使っていました。便利でしたけどわりとすぐに衰退してしまって、それからiPodが流行るんです。私もiPod nanoを買ってもらいました。赤い色のやつが可愛くて。当時、木村拓哉さんがドラマで使っていたシャッフルも欲しかったんですけど、あれは小さすぎてなくしちゃうのが怖くて、液晶が付いていたnanoに。今も実家に置いてあると思いますね。

41 専門学校 上京時代

専門学校では、小手先の技術では通用しないことを教えられましたけど、最終的に「お芝居、楽しい！」と思えたことが一番大きかったです。アニメのアフレコだけじゃなくて、ラジオのパーソナリティを担当する授業や、ダンスやお芝居の授業もあったので、身体全体でなにかを表現することの面白さに気づくことができたというか。しかも2年生の時のクラスは良い子ばかりで、お芝居にもその雰囲気の良さが反映されましたね。

42 下北沢 上京時代

古着をよく買いに行った街です。「フラミンゴ」や「シカゴ」をはじめ、古着屋は見かけたら入っていましたね。専門学校時代は毎日のように通っていましたし、一時期はひとり暮らしするなら下北と決めていました。感動したのは、ライブハウス（下北沢 CLUB Que）の上にあるファーストキッチン。長野にはなかったので「東京にはこんなシャカシャカできるポテトがあるんだ！」って（笑）。小劇場に舞台を観に行ったのも、下北が初めてでしたね。

古着 上京時代 43

上京してから、服は基本的に古着屋で買っていました。80'sのビンテージワンピースもたくさん置いてあるし、色合いや柄も派手なものが多くて、プチプラの新品を買うんだったら1点モノの古着を買っていました。学生のときは、CECIL McBEEとか109に入っているようなブランドが人気でしたけど、私はあまり興味がなくて。私の周りではけっこう奇抜でオシャレな人が多かったんです。高校も私服でしたし、そういう環境が大きかったかもしれません。

恵比寿 上京時代 44

通っていた専門学校もありますし、今もレーベルは恵比寿にあるので、東京の中でも馴染み深い場所ですね。印象的だった体験としては、成人したタイミングくらいで恵比寿横丁に行ったとき、流しの人が現れたのが衝撃で。急に歌いだした人にチップを払うというのが、「都会だな！」って（笑）。オシャレな街ですけど、飲み屋もBARもたくさんあって、純喫茶もある。純喫茶でコーヒーを飲みながら、台本を読んだりする時間は好きですね。

原宿 上京時代 45

私が上京したのが10年くらい前なんですけど、当時、竹下通りは盛り上がっていましたし、古着ブームもまだまだ続いていたので、ビンテージモノが置いてある「G2?」とか、いろいろなお店に行きました。「Grimoire（グリモワール）」という古着屋さんには、その後Czecho No Republicというロックバンドのメンバーになるタカハシマイちゃんがカリスマ店員として在籍していて。当時はすごく好きで憧れていました。背もすらっとして顔も小さくて。

渋谷 上京時代 46

上京したてのころは怖い街というイメージでした。上（の看板）ばかり見ていたら田舎者だと思われるので、なるべく下を見て（笑）。恵比寿の隣なので、渋谷で遊ぶことも多かったですけど、一度フランス人の女の子に話しかけられて、その子が「渋谷に行きたい」と言ったので、連れて行ってあげたことがありました。質屋の看板の前で写真を撮りましたね。あの子、今何をしているんだろうなぁ。

オパール東京 上京時代 47

今はもう残念ながら閉店してしまったんですが、『Zipper』でも読者モデルとして活躍されていた、manitas（まにたす）さんがディレクターをしていたビンテージショップです。毎週のように足を運んでいたお気に入りのお店で、変わったデザインの古着やオリジナルアイテムを扱っていたんです。私服でよく着ている〝ラブホテルTシャツ〟は、ここで購入したものなんです。復活してほしいな。

48 新田恵海
声優

『ラブライブ！サンシャイン!!』のオーディションでも、「新田さんみたいになりたい！」と話していたことを思い出します。同郷（長野県出身）というのが大きかったですし、声優さんが歌うライブをちゃんと観たのも、μ'sのライブが初めてでした。そのライブがすごく感動したんです。メンバーとして演じて歌うだけじゃなくて、キャスト自身も一緒に成長していくのが伝わってきて、新鮮でした。そのなかでもえみつんさんを追っていましたね。

49 岡村靖幸
アーティスト

そもそものきっかけは、行きつけの台湾料理屋で流れてきた「イケナイコトカイ」でした。これすごく良い！ってなって、スマホで調べたら「岡村靖幸」と出てきて。それから、『シティ・ハンター2』のエンディング「Super Girl」を歌っていたことに気づいたり。岡村ちゃんの好きなところはいろいろあるのですが、やっぱり母性本能をくすぐられるところ。年齢は私よりも全然上なのですが、80年代後半や90年代初頭のライブ映像とかを観ると、ナルシシズムに溢れていて、それがなにより愛おしいと思えるのが岡村ちゃんなんですよ。

楽曲だと、「聖書（バイブル）」は衝撃的でした。歌詞にバスケ部というワードが出てきて、「岡村ちゃん、バスケ部だったんだ」とか、自分の歩んできた道をちゃんと歌詞にしているのもそうだし、「背が179！」って叫ぶのもすごく良いんです。しかも実際は180㎝を超えているらしくて、音のハマりが良いからそうしたと。そういうふうに、聴けば聴くほど、面白いという気持ちが湧いてくるアーティストですね。一本筋が通っていて、癖もあるのに、すべてのアルバムでアレンジも録音の感じも違う。だからどのアルバムも聴いちゃうし、欲しくなるんですよね。

ライブ映像もかなり観ているのですが、なかでも『Love φ Sex '88 DATE』に収録されている「いじわる」は映像としてはマジでびっくりしました。冒頭からベッドシーンだし、ステージにもベッドが置いてあって。抱き枕とイチャイチャするアイディアも本人が出したと言われているのですが、とにかくセットもすごくて、意味がわからないなぁって（笑）。サブカルチックで、オタクっぽくもあって、マニアックな要素も岡村ちゃんは持ち合わせているから、それが映像にも溢れていますね。『ファンシーゲリラ'92』も、声がめっちゃツヤツヤ。でも、アルバムでいうならやっぱり『家庭教師』かな。

業界の人にもファンが多いし、今でも現役バリバリで音楽番組にも出演できていて。あと、いろんなことに意欲的ですよね。今でもラップだったり、短歌だったり、そういう意欲を、岡村ちゃんなりに咀嚼しているのが良いなと思います。ＮＨＫの『SONGS』で自分の結婚式を放送したのもすごいと思いました。誰が企画書を作ったのかと思いますし、そういうこともできちゃうのがすごい。しかもユーミンからメッセージが届く（笑）。あんまりライブでも喋らないし、普通に対談とかで喋っているのを見るだけで「喋ってる！」って思うくらい基本シャイな人だと思うんですけど（笑）、自分の好きは突き詰めていて。そんな岡村ちゃんを信頼するファンの方々もすごく強いと思うんです。みんな大人になっても離れずに、今の岡村ちゃんの活動を引っ張っていますよね。

シティ・ポップとは違いますけど、自分にとって岡村ちゃんの音楽にも憧れがあるんだと思います。ああやって、ひとつの世界を作ることができる人への憧れ、ですね。

50 シティ・ポップ カルチャー

私にとっては、アートワークも含めて都会的で、オシャレなもの、ですね。意味なさそうな三角形とか、あの独特の絵柄があるじゃないですか。音楽だけじゃなくて、そういうビジュアルもすごく引っ掛かったんです。80'sポップス＝シティ・ポップみたいなイメージもありますけど、90年代の音楽だってシティポップと呼んでいいものはけっこうありますよね。そのあたりは、Night Tempoさんと話をしていても「わかる！」ってなることが多いです。

51 レコード カルチャー

母方のおじいちゃんのお家にレコードがあって、めちゃくちゃベタですけど「およげ！たいやきくん」のレコードを聴いたのが最初の体験ですね。ただ、針を落とすとか、取り扱いが難しいとは当時から思っていて、次に触るのはもう大人になってからです。巷のレコードブームに乗っかって、最初にシャカタク（80年代にヒット曲を連発した、イギリスのフュージョン・バンド）の「NIGHT BIRDS」を渋谷のマンハッタンレコードで買いました。そこからあれよあれよと和物とか、シティ・ポップを買うように。ストリーミングサービスで聴いて気に入ったものを買ったり、思わずジャケ買いしたりしたものもありましたね。わりと収集癖があるというか、集めるのが好きなので、自分のソロEPである『Moonrise』もアナログで出したいと申し出ました。レコードプレイヤーも、欲しいと思ったらすぐに手に入れたいタイプなので、タワーレコードで衝動的に買って持ち帰りました。まだまだ保有枚数は少ないですけど、レコードを入れる棚をちゃんと揃えて、将来的にはオシャレに並べたいですね。ちなみに最近買ったのは、松原みきさんの『POCKET PARK』です。渋谷の宮下公園にあるFace Recordsで見つけました。

52 K-POP カルチャー

私が学生時代の時、第2次K-POPブームがありました。KARA、東方神起……挙げればキリがないですが、音楽だけじゃなく"韓流"のドラマやカルチャーが親しまれてきましたね。そして令和になり、今度は世界的にも注目の高いジャンルとして取り上げられるようになりました。私が考えるK-POPアイドルの魅力とは、音楽ジャンルもHIP-HOPからR&Bまで幅広く、歌唱力も素晴らしいことです。グループ活動でのコンセプチュアルな内容も世代のアイコンやファッションの一部になっていて。そう考えると、すごく日本の80年代アイドルに近いものを感じますね。

53 ネオン カルチャー

昭和を語る上では、切っても切れないものかと思います。今では、ネオン管をリアルに使用している看板などは減少傾向にあります。でもやっぱり、ネオン管だからこその魅力がありますよね！　温かみのある光とノスタルジックなおしゃれさが良いです。静岡県にある『アオイネオン』さんは、積極的にネオンを広める活動をされていて、私も展覧会に足を運んだこともあります。ネオン管も今ではアートとして認知されています。

54 昭和カルチャー

昭和って、良くも悪くも浮かれている、イケイケの時代ですよね。普通の人でも夢が見られたというか。今は憧れよりも、自分に寄り添ってくれる、共感できるモノばかりに人気が集まっているから、そこは大きく違うのではと思います。私の世代からすると、スマホがない時代なんて考えられない。でも、レコードがカセットになって、CDになってと、技術が目まぐるしく発展していく過程を楽しく見ることができたのかなと考えちゃいますね。

55 喫茶店カルチャー

喫茶店通いは、大人になってからの趣味ですね。現場と現場の間に30分あれば立ち寄って、ゆっくり過ごすのが好きです。（スマホの）電波が悪いところが多いのも良いですよね（笑）。地方でライブやイベントがあるときは、近くにある喫茶店の場所を先に調べて行くようにしています。行ったことがある店は、その場で撮影した写真と一緒にグーグルマップに保存しているので、それを見返したり。

最近行った店で面白かったのは、もう閉店時間だったのにマスターがご厚意で開けてくれた名古屋の「てぃむてぃむ」や、直角の椅子に年季を感じる浅草の「デンキヤホール」ですかね。それ以外にも、割れたボロボロの麻雀卓が無造作に置いてあるお店とか、ゲームができる昔の机が置いてあるお店とかは見るのが楽しいです。でも、一番はそこに来ているお客さんを眺めているのが好きですね。そんな喫茶店通いをしている間に、昔は苦手だったブラックコーヒーも飲めちゃうようになりました。大人になりました（笑）。

56 80's カルチャー

一番好きなのはファッションです。バブリーなものも好きですし、横浜で80年代前半に流行っていたカーディガンとハイソックスがポイントの「ハマトラ」も可愛いなと思いますね。あと、今と違うなと思うのは、当時の芸能界。すごくギラギラしていること（笑）。とんねるずさんとか、黒柳徹子さんとか、めっちゃオシャレを楽しんでいる感じがしていて憧れます。車も当時の角張ったデザインが好きで、VOLVOとか、フェアレディZとかに乗りたかったです。

57 車カルチャー

高校卒業してから上京したので、車乗らないじゃんと思っていたんですけど、妹が免許を取るタイミングで姉も負けじとオートマ限定の免許を取りました。22歳くらいのときですね。ドライブをテーマにしたアルバムを出しましたし、さすがにこのまま乗らないのもまずいと思い、ペーパードライバー教習に参加しようと考えています。自分で車を所有するとなるとまだハードルが高いですけど、夜の首都高やレインボーブリッジをドライブするシチュエーションには憧れますね。

58 マルベル堂カルチャー

以前、『降幡愛のA面／B面』というテレビ番組をやらせてもらった時に、ブロマイドを撮ってもらいました。お店にはズラッとアイドルのブロマイドが並んでいましたし、撮影スタジオにはビンテージの服やグッズも置いてあって、いろんなアイドルが座ってきた椅子にも座らせてもらいましたね。撮影は店長さん直々にしてくださったのですが、その合間に、アイドルを撮影してきたエピソードを聞かせてもらったり。店長さん、めっちゃキャラの濃い人でした。

59 本間昭光

アーティスト

ソロデビューをする際に、プロデューサーの候補として私やマネージャーさんから名前を上げさせてもらったのが本間さんだったんです。ポルノグラフィティやいきものがかりとか、自分が小さいころに聴いていた音楽をプロデュースしていた方ですし、音楽をやり続けていくためにもお願いできればと思っていました。初めて会う時はちょっと緊張しましたし、怖い印象もありましたけど、実際にお会いしてみると少年のような、懐の深い方です。

60 nishi-ken

アーティスト

nishi-kenさんが制作・プロデュースに参加していたシドさんやGReeeeNさんの音楽は学生時代によく聴いていましたし、ソロの楽曲もめちゃくちゃ自分の好みのサウンドなんですよ。バンドの中ではお兄ちゃん的な存在で、いつもサポートしてくださいますね。ライブでは生感を大切にされている方で、その場でアドリブを入れてくれたり。「City Hunter～愛よ消えないで～」をライブで初披露した時もすぐにハモってくださって、それはテンションが上がりましたね。

61 Purple One Star

レーベル

居心地がめちゃくちゃ良いレーベルです。MIYAVIさんやASH DA HERO、荒井麻珠ちゃんが所属していたり、メイドカフェのグループ「めいどいん！」がいたり、本当にジャンルレスで。こういう音楽性で活動していると、スタッフさん主導で動いている活動だと思われがちですが、本当に私の意向を汲んでくださるチームです。すごく良いレーベルなのでみなさん入ってほしいし、どのような客層になるかはわかりませんが、いつかはフェスをやりたいと思っています。

62 三浦大知

アーティスト

ちゃんと楽曲を聴いたのは、2016年にリリースされた「Cry&Fight」です。FolderやFolder5の時代はそれほど知らなかったのですが、三浦さんは和製マイケル・ジャクソンという異名がある通り、やっぱりライブパフォーマンスが素晴らしいですよね。あれだけのダンスをしながら歌うことができて。実際に生で観た時も音圧がすごかったですし、「これがプロなのか、かっけぇ」って。一度、フジテレビの音楽番組でふいにすれ違ったときに、過呼吸になるかと思いました（笑）。

山下達郎 63

アーティスト

お母さんが竹内まりやさんを聴いていたので、自然と達郎さんの声や曲も耳に入っていたのですが、やがてふたりがご夫婦と知ったときは驚きましたね。それは置いといて、とにかく今でもその声を聴くだけで達郎さんだとわかりますし、そのブレなさが素晴らしい。昨年の夏に初めてライブを観たのですが、すべての音が心地よく響くように演奏も音響も計算されていますよね。その完成度の高さはさすがだし、何十年もやっている重みを感じました。

杉山清貴とオメガトライブ 64

アーティスト

3〜4年前からレコードで聴いていますね。最初に知ったのはオメガトライブだったので、杉山清貴さん時代、カルロス・トシキさん時代という形で聴いていました。杉山さんといえば夏の男というイメージがあって、白いスーツで、爽やか。今現在もすごくオシャレだし、クールなライブグッズも含め、ビジュアルにこだわられた活動をされていてカッコいいなと思います。カバーもさせてもらいましたし、尊敬するアーティストのひとりです。

ラ・ムー 65

アーティスト

もともとは、Night Tempoさんがアップしていたリミックスを聴いたのがきっかけですね。「愛は心の仕事です」のギリシャ神話風のアートワークを含めたビジュアルセンスもすごく好きで、当時、こんな集団がいたんだという認識でした。それから『Thanks Giving』という唯一のアルバムに収録されている「Rainy Night Lady」を聴いて、めっちゃ曲がかっこいい！ となってから、さらに聴くようになりました。それが菊池桃子さんのユニットだと知ったのもじつはその後で。私がソロデビューするとき、「ラ・ムーっぽいものを」とスタッフにも本間さんにも話していました。ただ、当時のラ・ムーのイメージからすると、80's の王道からかなり外れるという認識があったみたいで。でも、先日のカバーで歌った「愛は心の仕事です」は評判が良いし、藤井隆さんも、ヒャダインさんも好きだったと言ってくれたので、時代は私たちの評価に近づいています（笑）。

レオナルド・ディカプリオ 66

俳優

名作と呼ばれている映画を片っ端から観ていた時期があって、その中で『タイタニック』をはじめ、『ウルフ・オブ・ウォールストリート』や、『ギルバート・グレイプ』といった、ディカプリオの出演作をいろいろ観たんです。ビジュアルも好きなのですが、そのお芝居にすごく惹かれました。特にディカプリオがまだ10代のころに参加した作品で、知的障がいのある青年を演じている『ギルバート・グレイプ』は、演技が凄まじすぎて、印象に残っていますね。

67 山口はるみ
アーティスト

銀座を歩いている時に、すごく好みのイラストが展示されているギャラリーがあったので立ち寄ってみたら、それが山口はるみさんの作品だったんです。それからいろいろ調べてみると、PARCO立ち上げの時代から広告制作に関わっていた方だと知りました。最近だとLDHのガールズユニット「iScream」のアートワークを描き下ろされていて。"HARUMI GALS"と呼ばれる女性たちのモチーフやタッチ、色使いも含めて好きすぎる世界観が詰まっていますね。

68 Yoko Honda
アーティスト

海外でも活躍されているイラストレーターの方で、Instagramでそのイラストを発見して、すぐにファンになりました。そのイラストの一つひとつが、私が抱いているシティ・ポップ的世界を体現していて。同じようなイラストを描く方ってけっこういると思うんですけど、質感やフォントの感じだったり、描かれているモノだったりがすべて刺さるんですよね。私のソロのビジュアルやアートワークに多大な影響を与えています。

69 岩倉しおり
写真家

フィルムカメラを使って写真を撮影されているフォトグラファーの中でも、岩倉さんの撮影する写真がすごく好きで、TwitterやInstagramも含めてその活動をずっと追っています。ノスタルジーを喚起する写真を撮影される方で、カメラが趣味の私としてもそのテイストには影響を受けていますね。実際に、岩倉さんが使っているものと同じカメラとレンズを買ったくらいなので。4年前に出版された写真集『さよならは青色』も素敵な作品でした。

70 MIYA NISHIYAMA
デザイナー

衣装デザイナーの方で、『いとしき』という写真集を出すときに、MIYAさんが製作した衣装を着て撮影しました。女の子が好きなものをギュッと詰め込んだ衣装を作られる方で、普段はエビ中（私立恵比寿中学）をはじめアイドルの衣装を作られていて。Instagramで見つけてコンタクトを取ったのですが、私にとってすごく波長が合うデザイナーさんですね。MIYAさんの衣装は可愛いだけじゃなくて、着やすくて、着脱がしやすいんですよ。

71 写ルンです
カルチャー

高校時代から持ち歩いていて、修学旅行にも持っていきました。簡単に撮影できるし、失敗しても味になるところが好きですね。最近はデータ転送ができるようになりましたけど、以前は1枚1枚現像して、友達に配っていました。それこそ『フォトテクニックデジタル』の連載では、写ルンですのオリジナルデザインを作って販売してもらえたのはうれしかったです。富士フイルムさんにこれまで貢献してきた甲斐があったなと思いました（笑）。

HT

SING

special photo

NIG
CRUI

憩いの地下街
味な店

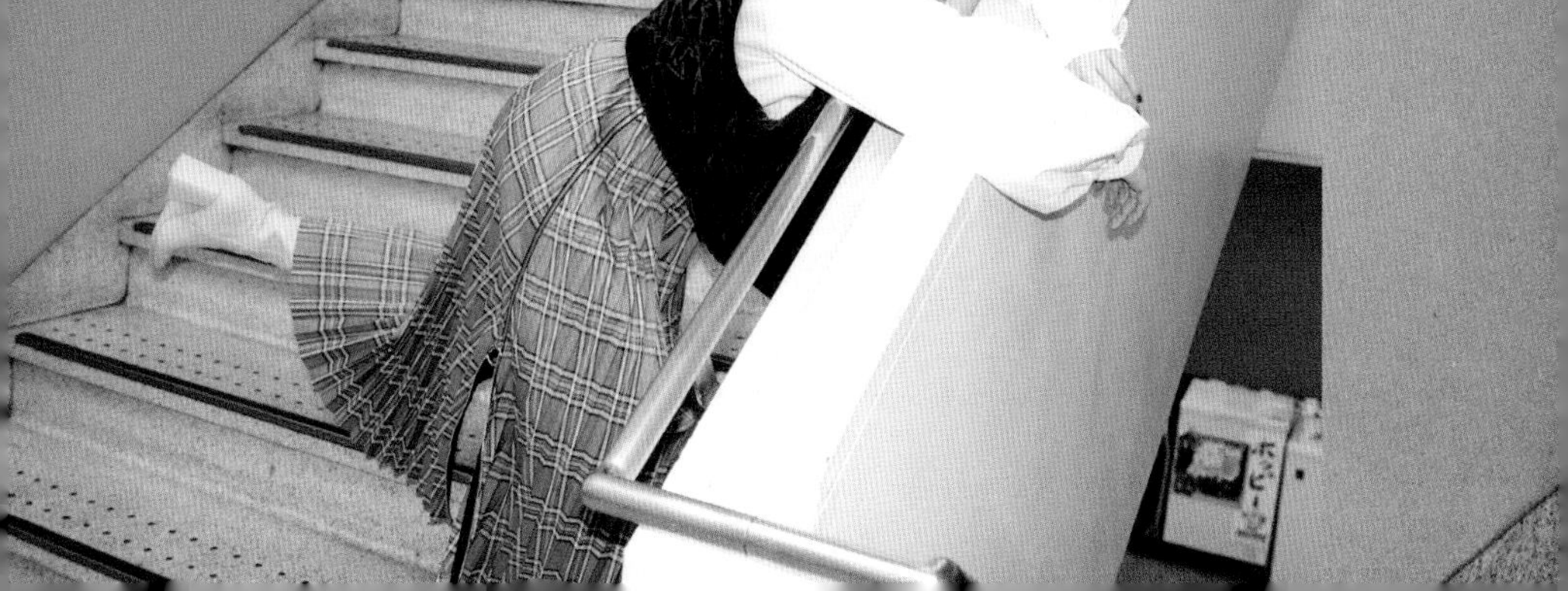
ホッピー

キウィ
300円
300円
パパイヤ
300円
300円
ブルーベリー
目の疲れ、胃潰瘍
ドラゴンフルーツ
むくみ・美肌・風邪
500円
350円

キウィ
300円
300円
400
パパイヤ
美肌、消化効果
300円
肝機能・大腸ガン予防
300円
バナナ
果糖、ショ糖、カリウム
疲労回復、栄養補給
300円
ドラゴンフルーツ
むくみ・美肌・風邪
500円
老化防止、がん予防
350円
ブルーベリー
目の疲れ、胃潰瘍
300円

プレーン
1214

Yummy!

取手
にご注意ください。
15

イスはバネ
腰掛け座面の
かったり、
転倒の恐れ
ので、お

km
assist

Part 4

ソロアーティスト・降幡愛誕生記

2019年夏、ソロデビューの依頼が届く

ソロデビューのお話がきたのは、2019年の夏のことでした。新しく立ち上がるレーベル「Purple One Star」[*69]の第1弾アーティストとしてデビューしないか、という内容でした。そのときは、あまり実感が湧かなかったというか、「そうなんですね!?」くらいの受け止め方だったんです。その年の秋には、プロデューサーとなる本間（昭光）さんとも初めてお会いしました。以前から、〝もし、自分がアーティストデビューするならどうしようかな〟とは、おぼろげに思っているところはありました。一方で、実際にどんな歌を歌いたいのかや、どんなイメージのアーティストになりたいのかのビジョンが明確にあったかと言えば、実はそこまでありませんでした。具体的にお話をいただいてからはじめて、本格的にどういう音楽性が良いのかを突き詰めて考えていきました。

声優になりたくて声優になった人間なので、声優さんはこうあるべき、みたいな固定概念は昔から強く持っています。ですが、じゃあソロの歌手として世に出るとするならば、自分はそうじゃないところで勝負したいという気持ちがありました。やりたいことがやれる機会を逃してしまうと、いつかはしんどくなってしまうだろ

---

*69 Purple One Star
降幡が第1弾アーティストとしてスタートした音楽レーベル。バンダイナムコミュージックライブと、音楽プロダクション「イソラブル」が手掛ける。現在は降幡も含めて7組が在籍しており、MIYAVI、荒井麻珠など、幅広いラインナップとなっている。

うなと感じていて。性格的にも、ビジュアル的にも、黒髪清楚、フリフリ衣装が似合うタイプではないですから。

そこで私は、自分の肌に合う音楽である80'sやニューミュージックを歌えるのなら良いかも、と思うようになっていきました。岡村ちゃん（岡村靖幸）[*70]に出会ったのをきっかけに、シティ・ポップ[*71]や80's[*72]をDIGっていくようになっていたのですが、加えて自分の中でレコードブームもやってきていて。YouTubeで80年代のアーティストの映像を観ていると、関連動画として当時の歌番組やイベントの映像も流れていくじゃないですか。そこで気になった楽曲やアーティストをチェックして、ストリーミング・サービスで聴いたり、レコードを探しに行ったりするのが趣味になっていたんです。

アーティストイメージをまとめた企画書を提出する

ただ、本間さんと初めてお会いした場で、いきなり「これをやりたいです！」と言うのもおこがましいなと思い（笑）、ちょっと世間話程度に、「今って、80'sやニューミュージック、流行ってますよね～」みたいな話題を出しました。そうしたら、

[*70] 岡村ちゃん（岡村靖幸）

1986年、シングル「Out of Blue」でデビューした、シンガーソングライターダンサー。愛称は「岡村ちゃん」で、ライブのことは「DATE」、ファンのことは「ベイベ」と呼称される。「だいすき」、アニメ『シティーハンター2』のエンディングテーマ「Super Girl」、アニメ『スペース☆ダンディ』の主題歌「ビバナミダ」などで知られる。アルバム『家庭教師』は、90年代ポップス・ロックの名盤として不動の存在。降幡のライブバンドに参加経験のある根岸孝旨は、かつて岡村ちゃんのバックバンドの一員としても活動していた。

[*71] シティ・ポップ

主に80年代に制作された、都会的でオシャレな音楽の総称。山下達郎や松任谷由実、大滝詠一、角松敏生らが代表的なアーティストとして挙げられる。ゼロ年代以降、日本のみならず海外でも再評価の波が到来。ヴェイパーウェイヴやフューチャーファンクといったジャンルとも結びつく形で若者たちの心も掴んだ。80年代にリリース

本間さんも80年代から活躍されていた方なので、「僕もシンディ・ローパー[*73]とか好きだよ。そういうイメージも良いかもね」と、話に乗っかってくださって。その日の打ち合わせは食事会も兼ねていたので、音楽の深い話はしませんでしたが、本間さんの人となりや知識を実感して、この方向性を推していきたい！と思ったんです。

そこから少し時間が経って、冬にソロデビューに向けた最初の全体会議がありました。まずは意思表示をきちんとしなきゃと思っていたので、イメージイラストや「CITY」[*74]の歌詞をまとめた企画書を作成して、「これがやりたいです！」という形でいきなり提出したんです。そうしたら、「いいんじゃない？」と、本間さんをはじめスタッフのみなさんも好感触で。それこそ、スタッフの方には80'sの音楽をリアルタイムで聴いてきた方々も多いので、「俺たちの得意分野だ！」と、俄然やる気になった雰囲気はありました（笑）。そこから「レコードやカセット[*75]でも出しましょう」とか、「80年代っぽい衣装プランでいきましょう」とか、アイディアがスタッフのみなさんからも次々と出てきたので、私の気持ちも盛り上がりましたね。

その時に私が提案したこと――細かいところで言えば、「CDジャケットには自分の顔は使わずに、イラストだけにしたい」という提案をしました。それが80'sらしいオシャレさだし、声優としての私を知らない、一般の音楽好きにも手を取って

されたシティ・ポップのレコードは、現在軒並みプレミア価格が付いている。

*72 **80's**

80'sは、降幡もよく用いる80年代音楽やカルチャーの総称。シティ・ポップだけではなく、歌謡曲、アイドル・ポップスやディスコ～ハウス・ミュージックも含まれる。ひと言で言えば当時の時代性を反映した「バブリーな」イメージの音楽・カルチャーを指す。ちなみにこの言葉に近しいニューミュージックは、非フォーク的、非演歌的とも言える洋楽色の強いサウンドで、政治的メッセージや貧困などの生活描写から逸脱した音楽のこと。

*73 **シンディ・ローパー**

1983年にソロデビューを果たした、アメリカの女性ロック歌手。「ガールズ・ジャスト・ワナ・ハヴ・ファン」、「タイム・アフター・タイム」などのヒット曲で知られる。日本でもたびたび来日公演を行っている親日家。NHK紅白歌合戦にも出場経験がある。

もらえるようにしたかったんです。具体的なアートワークとしても、人間が太陽と月の2種類に分かれるとしたら、私は周りに照らされる月に近い存在だ、という思いから、『Moonrise』というタイトルにも発展していきました。ファーストライブツアーのタイトルが「APOLLO」なのも、〝月面旅行〟をライブのコンセプトにしていたからです。

そういうふうに、「80's」、「月」、「イラスト」といったコアなコンセプトからつなげて広げていって、ソロとしての〝降幡愛〟に至る感じですね。楽曲制作も含めて、そうしたコンセプトやプロモーションの打ち合わせをしていたのが、ちょうどコロナ禍がはじまったタイミングでした。直接会うこともままならなかったので、リモートでの会議が中心でしたけど、会議の空気感はずっと良くて、私も楽しみながら進めることができました。コロナによってライブイベントは厳しい状況でしたけど、コンセプトを固める段階で本間さんやスタッフのみなさんと深いところまで打ち合わせをすることができたのは、その中でもポジティブに捉えられることだったかなと思います。

たとえば、デビューミニアルバムの『Moonrise』は、6曲収録なのですが、生意気にも自分からこういう楽曲にしたいと、楽曲それぞれのイメージを本間さんに

*74 **CITY**
ソロアーティスト・降幡愛としてのファースト配信シングル。降幡が「シティ・ポップ」のイメージを詰め込んだ一曲で、「T」を手で表現するかのようなサビの振り付けも人気。

*75 **レコードやカセット**
降幡たっての希望で、『Moonrise』は12インチアナログで、「AXIOM」は7インチアナログで発売された。また、『Moonrise』発売時、降幡愛モデルのカセットプレーヤー／カセットテープ、スーツケースポーチのセットも販売された。

オーダーしました。本間さんも、アルバムのリード曲にもなった「CITY」の時のやり取りでイメージを掴んでくださったので、そこからも特に疑問になるようなやり取りもなく。『Moonrise』もそうですし、セカンドミニアルバムの『メイクアップ』のリード曲「パープルアイシャドウ」[*76]は参考となるような曲をお伝えしつつ、「こういうテイストで」と具体的にオーダーしていくことが多かったです。1枚のアルバムとして、というよりは、1曲1曲をこういうテイストで、ライブでそれをこういうふうに再現したい、みたいなイメージをお伝えして、具現化してもらっていった感じですね。

ビジュアル面で言えば、『メイクアップ』のアートワークは、「パープルアイシャドウ」に合わせて、目を強調したジャケットをお願いしました。裏側も、化粧品を置いてもらって、コンセプトを統一してもらっています。顔出しなしでこういったチャレンジをやらせてもらっているので、なるべく意見やアイディアは出すようにしています。

*76 パープルアイシャドウ
降幡愛のセカンド配信シングルで、『メイクアップ』のリードトラック。MVも80年代メロドラマ仕立てとなっている。

ソロ歌手として、初めて歌詞を書く

私の熱のこもったプレゼンの結果（笑）、本間さんや他のスタッフの方々にもやりたいことをご理解いただいて、実際に制作の作業に入りました。２０２０年の初頭からもうスタートしていましたね。基本的には私が歌詞を書き[*77]、それに合わせて本間さんが、本格的な80'sサウンドを制作してくださる流れでした。

ちなみに、「CITY」は、人生で初めて書いた歌詞なんです。イラストや漫画はずっと描いていましたが、ポエム的なものを書き溜めていたこともなかったので、詩のようなものを書くのは本当に初めてで。今思えば、Aメロ、Bメロ、サビといった概念もなく（笑）、本当に思いのままにサーッと書いていきましたね。「CITY」はそのタイトルのごとく、自分が思う「ザ・シティ・ポップ」をすべて注ぎ込んだって感じです。それからもずっと詞先なので、変わらず好き勝手書いていますね。

一応、歌詞を書く際には、楽曲における主人公をイメージして、ラブソングにしろ情景が伝わるような曲にしろ、その人の物語として書いていきます。完全に無音で書くというよりも、自分で鼻歌で作ったメロディーや、参考にした楽曲のメロディーに合わせて、「これハマるな」とか考えながら書き上げていくやり方です。な

*77 私が歌詞を書き
降幡の音楽活動は、「CITY」のころから詞先で行われている。ちなみに日本の歌謡曲、ニューミュージックで一時代を築いた松本隆も、他人への提供曲は全曲詞先となっている。

ので、歌詞を渡した時には明確な曲のイメージがあることも多いのですが、本間さんからは意外なテイストの楽曲が返ってきたりする。それが面白いし、醍醐味ですね。

とにかく本間さんがどんな歌詞でもうまく楽曲を合わせてくださるので、初期のころは文字数も正直考えていないくらいでした。そこから、徐々に五・七・五のリズムを意識したり、アドバイスをもらったりしながら書いているような形ですね。

ちなみに歌詞を書くのはiPhone[*78]のメモ機能です。そこは80's と言いながらも現代的です。ノートに書こう！と思うと全然なにも思い浮かばなかったです（笑）。

新たなボーカルスタイルを身につける

本間さんも、「CITY」を作曲する時にはしっかり「降幡愛×80's サウンド」のイメージはかなり固まっていたみたいで、スムーズに楽曲も仕上げていただきました。それがもう、めちゃくちゃ良くて、イメージしていた通りで感動しましたね。ただ、ちょっと苦労したのはボーカルの方向性です。私はルビィちゃんのような、可愛らしい声質で歌うものだと思っていたんです。本間さんというレジェンドが生み出す

*78 iPhone
Appleが販売しているスマートフォンで、初代は2007年に発売。タッチパネル方式を採用したスマートフォンの元祖かつ象徴的な機種であり、フィーチャーフォン（ガラケー）からの移行が急速に進むことになった。

80'sサウンドと、今の時代らしいキャラクターボイスの〝ちぐはぐ〟な感じを押し出していくというか。でも、プリプロ[*79]の段階でその組み合わせがあまりうまくいかなくて、これまでのイメージは一旦捨てて、新しいボーカルを創り上げていこう、となりました。途中、レベッカのNOKKO[*80]さんのような歌い方にもチャレンジしながら、最終的には私の地声に近い声質で、80年代のオリジネイターを参考にした歌い方に寄せていきました。とはいえ、いきなりそれを確立するのは難しかったので、人生で初めてボイストレーニングに通って、声の出し方から改めて学んでいくことになりました。結果的にそれはすごく良かったと思っていて、キャラクターに当てている声と、ソロで歌っている私の歌声がまったく違うものになって、ギャップを見せられるようになったんです。私が思っていたよりも、自分の地の声が低かったのも功を奏したというか、それは発見ではありましたね。

プロデューサー・本間昭光について

私は小学生のころ、ポルノグラフィティの楽曲に触れてきていたので、そのプロデューサーを務めていた本間さんと仕事をしていることは今でも不思議だなって思

*79 **プリプロ**
プリ・プロダクションの略。レコーディングの前段階と言える作業のことで、全体的な曲構成、アレンジの方向性を固めたものを録音すること。デモ制作を指すこともある。かつてはスタジオでの作業が主だったが、DTMが普及した現在では、自宅の簡易的なスタジオでの作業についてもこのように呼称される。

*80 **NOKKO**
歌手。1984年、「フレンズ」などで知られるロックバンド・レベッカのボーカリストとしてデビュー。レベッカ解散後はソロシンガーとしても活動し、海外進出も果たした。少し鼻にかかった溌剌とした歌唱は、後進の女性ボーカリストにも大きな影響を与えた。

います。そんな本間さんとは、レコーディングの時も含めていろんな話をしてきました。本間さんの生い立ちから、いわゆる芸能界、音楽業界を生き延びていくための教訓みたいなものもけっこうあるのですが、本当に面白いエピソードは、ほとんど言えないことばかりです（笑）。言える範囲のことでは……たとえば雑誌のインタビューの時に、敢えて「ギターのローズネックが〜」とか、「ここのリバーブはこれくらいにして〜」とか、音楽用語をうまく使うとインタビュアーさんの食いつきが良いよ、といった取材対応指南をしてくださったり（笑）。参考になるお話も多いので、基本的には全部メモしています。たまに本間さんが言っていたエピソードをYouTubeで検索したりすると、その時の映像が出てきて「コレが言ってたライブだ！」とか、面白いことがたくさん起きるんです。長年J-POPシーンで活躍されてきた本間さんですから、一緒に制作していても、すごいなと思う瞬間はけっこうありますね。

本間さんはプロデューサーとして、80'sのサウンドを当時のビンテージ楽器やマイクを使って、極力再現しようとしてくださっています。一方で、現代ポップスの最高峰とも言えるザ・ウィークエンド[*81]のサウンド・プロダクトも密かに取り入れているんです。具体的には、「AXIOM」[*82]ではハットとシンバルがあまり鳴っていませ

*81 **ザ・ウィークエンド**
カナダ出身のシンガーソングライター。トリップ・ホップやダブ・ステップ、インディー・ポップを採り入れた先鋭的なR&Bサウンドを確立。2020年にリリースされた『After Hours』、2022年の『Dawn FM』などは80'sフレイヴァーも感じさせるサウンドとなった。『Dawn FM』収録曲の「Out of Time」は、83年にリリースされた亜蘭知子の「Midnight Pretenders」（アルバム『浮遊空間』収録）をサンプリング。

*82 **AXIOM**
7インチシングルレコードとしてリリースされた降幡の楽曲。B面は「うしろ髪引かれて」。レコードには円形クッションが付属。

ん。当時そのものではなく、現代にも通じる要素を入れることで、ポップスとして若い人たちにも聴きやすいポイントを作ってくださっているんですよね。ザ・ウィークエンドって、２０２２年にリリースしたアルバムでも、亜蘭知子[*83]さんの「Midnight Pretenders」をサンプリングしていて。「ウィークエンドもこういうサウンドをやっているんだから、僕らがやっていることがなにも時代遅れではないってことだよね」と、本間さんとふたりで話したりしています。

*83 **亜蘭知子**
歌手、作詞家。90年代に数多くのヒットを飛ばした「ビーイング」に所属するアーティスト。1981年にデビュー。「Midnight Pretenders」の作曲は、ビーイングの黄金期を支えた織田哲郎。

Part 5

シティポップを武器にこれから

ソロでのライブパフォーマンスを考える

デビューから2カ月後、2020年の11月に、初めてのソロライブとなるAi Furihata "Trip to ORIGIN"[*84]を開催することができました。ひとりで舞台に立って歌うのはこの時が初めてだったので、めちゃくちゃ緊張しました。なによりもまず、バンド編成でのライブが初めてということもあり、プロのみなさんにおんぶに抱っこでした。「もう伸び伸びやってくださいね」とメンバーがすごく頼もしくて、私としては「そんなみなさんに迷惑をかけてはいけないぞ」という気持ちで取り組みました。とにかく個人練習はいっぱいしましたね。ライブ当日も、スタッフさんが栄養ドリンクを差し入れてくださって、それがドーピングみたいに効いたんですよ（笑）。お、これは良い！と、大阪の公演では、最上級の栄養ドリンクを2本飲んで気合いを入れたんです。それはさすがにオーバーパワーだったのか、心拍数がドキドキって上がって、ついにはプツッと限界突破！　みたいになってしまって、今までにない動きをステージでしていたらしいです。じつは私もあんまり覚えてなくて……（苦笑）。危ないのでみなさんも気をつけてくださいね。最上級の栄養ドリンクは1日1本まで！

*84
Ai Furihata "Trip to ORIGIN"

2020年11月に開催されたスペシャルライブで、Billboard Live YOKOHAMA と、Billboard Live OSAKA の2カ所で行われた。ライブメンバーは、江口信夫（Dr.）、根岸孝旨（Ba.）、町田昌弘（Gu.）、nishi-ken（Key.）、会原実希（Cho.）。

そこから誕生日公演[*85]を開催して、ファーストライブツアーもやって、とステージを重ねていったのですが、バンドを含めてライブ制作チームのみなさんは、本当に好きにさせてくれました。たまにステージのMCはこうしたほうが良いよとか、アドバイスをくださったりしましたが、基本的には「ふりの好きなように」がテーマとしてあって、支えてもらっています。

ソロデビュー以降に変化したこと

80's サウンドをテーマに活動をはじめましたが、ミニアルバム2枚、配信シングル3枚、7インチシングル1枚、CDシングル2枚を1年ちょっとの間に立て続けにリリースして、2021年には、4月と10〜11月に2本のライブツアーを敢行しました。そうして活動を重ねていくうちに、何かテーマやコンセプトに縛られていく自分を自覚することがあります。私は人生のテーマとして、固定概念をなくすこと、打破していくことがあるのですが、視野が広いと思っていても、実際にはルーティーンや一度思い込んだやり方からは抜け出せないことがあるんです。たとえば、セカンドシングルになった「東から西へ」は、『189』[*86]という、児童虐待をテー

*85 誕生日公演
2021年からBillboard Live TOKYOで開催されている誕生日公演「Trip to BIRTH」のこと。

マにした映画の主題歌として書き下ろした1曲です。テーマ的にもサウンド的にも、これまでのように80's直球のものというわけにはいかなかったですし、歌詞も監督がこの映画に求めているイメージと違って、修正をお願いされました。そこで書き直して、また見せて、というプロセスも、これまでに比べるとかなり大変で、実際に完成した楽曲も、それまでのソロ楽曲からは距離のある物語とサウンドになっています。ただ、そこは本間さんの作曲とアレンジなので、ソロアーティストにおける新たな一面として捉えられる内容になりました。映画のタイアップ楽曲として、また本間さんの書き下ろし楽曲として、求められるものに応えていくことに奮闘しましたね。

その一方で、「ハネムーン」[*87]みたいな、コンセプトにバッチリハマった楽曲と、バブル全盛期みたいな内容のミュージックビデオを制作することができました。楽曲ごとにいろんな一面を見せられるということも大事なので、新しい要素やイメージも徐々に取り入れていくのは必要だろうなと思っています。そうやって変化していくのは、自分にも合っているので。

---

*86 1189
2021年12月に公開された実写映画。児童福祉司を主人公とした社会派ヒューマンドラマで、主演は中山優馬。降幡は主題歌「東から西へ」を書き下ろした。

*87 ハネムーン
2021年9月にリリースされたファーストシングル。初回限定盤にはBlu-rayとフォトブックが付属。配信でリリースされていた「シークレット・シュガー」も収録。

2022年、カバーアルバムで勝負する

2022年の活動としては、カバーアルバム『Memories of Romance in Summer』、『Memories of Romance in Driving』の2枚をリリースしました。別のインタビューなどでも答えていますが、お話をいただいたときはそれほどカバー曲に対して積極的ではありませんでした。というのも、2020年から2021年にかけて、本間さんと降幡愛流の80'sサウンドを追求してきて、この流れで突き進んでいくのが良いんじゃないかと思っていたからです。加えて、Night Tempo[*88]さんや、いろんな方とコラボする話が進んでいたので、そういう方向性で取り組んでいくのがベストなのではと考えているところもありました。ただ、実際にレコーディングに入ってみると、「好きな曲が歌えるからラッキーだな」と思いましたし、すごく楽しめましたね。

唯一、歌詞を覚えるのは大変でした。自分が作詞したものだと、言い回しにも癖があるので自然と身体に馴染んでいるのですが、他の作家の先生が書いた歌詞を覚えるのは難しかったです。グループの時だと9人で割り振るので覚えられるのですが、歌詞を覚えるのには意外に苦労しましたね。

*88 Night Tempo
韓国のDJ／プロデューサー。日本の歌謡曲をダンス仕様にリエディットした「昭和グルーヴ」を提唱。日本のほか、アメリカでも精力的に活動している。『Quick Japan』での対談がきっかけで降幡とのコラボレートが実現した。

ありがたいことに、NOSTALOOK[*89]さんが制作してくださった「君たちキウイ・パパイア・マンゴーだね。」のMVが、200万回を超える視聴数を記録しました（2022年2月現在、約227万回再生）。あのMVから知ってくださる人もすごく増えましたし、アニメーションのMVなので、アニメ界隈の人から興味を持っていただくこともできました。アフレコやイベントの現場でも、「君キウ良かったよ〜」とリアクションしてくださる方がたくさんいらっしゃって、ありがたかったです。それまで、私のソロ活動を知っている人は「CITY」の人というイメージだったと思うのですが、今はすっかり「君キウ」の人です（笑）。でも、そうやって情報が更新されたのは良かったですし、NOSTALOOKさんの映像が最高だったとはいえ、カバー曲でそうなるとは思っていなかったので面白いなと思いました。

意外なところでは、「君キウ」以降、海外の方々からYouTubeにコメントがついたり、インスタやTwitterのDMに外国人の方からメッセージがきたりと、ファン層がグッと広がりましたね。ファンとしてのメッセージだけじゃなくて、音楽プロデューサーを名乗る人だったり、エンジニアの方だったりも興味を持ってくださっているみたいで、思いもよらぬところで認知が増えていくんだなと驚いています。

*89 NOSTALOOK
昭和〜平成初期テイストの、「懐かしい見た目の」アニメーションを制作するアートチーム。降幡の「君キウ」のほか、デュア・リパやSexy Zone、Mori Calliope feat. AmaLeeなどのMVを手掛けている。

車への憧れ、ドライブミュージックへの憧れ

カバーアルバムはコンセプトを変えてリリースすることが決まっていて、1枚目が「夏」だったので、2枚目はズバリ「車」です。車だと決まったのは良いですが、タイトルを決めるのは苦戦しましたね。「ハイウェイ」にするか「ドライビング」にするか、どれが一番クールなんだろうと思いながら考えた記憶があります。選曲は、1枚目の時も2枚目の時も、スタッフを交えて話し合いながら決めているのですが、私の好きな曲が偏っている、もしくはマニアックだったりするので（笑）、王道の楽曲はスタッフから提案していただくことが多いです。1枚目だと「RIDE ON TIME」[*90]とか、2枚目だと「プラスティック・ラブ」[*90]や「City Hunter～愛よ消えないで～」とかですね。私が推したのはMVも制作したラ・ムー[*91]の「愛は心の仕事です」と、二名敦子[*92]さんの「Wonderland 夕闇 City」。逆に杉山清貴[*93]さんの「風の LONELY WAY」はスタッフの方に教えていただきました。

なぜコンセプトが車なのか？と言われると、やっぱりドライブや車への憧れがあるんです。運転できるって大人じゃないですか。昭和の時代だと、車を持ってないとモテなかったわけですし、今はそんな時代ではないですけど、私は車を上手に乗

---

*90 **RIDE ON TIME／プラスティック・ラブ**

「RIDE ON TIME」は、1980年にリリースされた山下達郎のシングル。彼の代表曲であり、2003年にはドラマの主題歌として使用され、リバイバル・ヒットとなった。「プラスティック・ラブ」は、竹内まりやの楽曲で、1984年にリリースされた『VARIETY』収録曲。プロデュースは夫である山下達郎。2010年以降に日本・海外で再評価され、2019年には新たなMVが制作された。

*91 **ラ・ムー**

英語表記は RA MU。当時アイドルとして人気を博していた菊池桃子が、突如バンドのボーカルとして活動することを宣言（1988年2月）。女性黒人コーラスをふたり携えた、ファンクなどブラック・コンテンポラリーとシティ・ポップ／歌謡曲を折衷した音楽性

りこなしている人は素敵だなって思いますね。車への憧れが高じて、4年前には自分でも免許を取得したのですが、二子玉川とか246号線なんかを教習車で走った時に「うわ～」とときめきました。でも、車を買うのは駐車場とかのことを考えるとちょっとまだ現実的ではないなぁとか、かといってカーシェアというのも……と言っている間に、すっかりペーパードライバー化してしまいました（笑）。でも、夜の高速道路とか、東京タワーを横目に首都高を走るのは憧れです。

話は少し脱線しましたけど、「AIRPORT LADY」や「風のLONELY WAY」のような、男性目線の歌詞で歌われている楽曲は歌うのが難しかったですね。力強さがないといけないし、原曲の、リバーブがかかっているボーカルも含めて、ムードを引き継ぐのが大変でした。逆にラ・ムーや二名さんの曲は、気持ちものせやすかったですし、歌いやすかったですね。「愛は心の仕事です」では、英語の部分をちょっとキャラクターっぽい感じで歌ったりとか、声優歌手としての遊び心を入れています。ちなみにMV[*94]も、「君キウ」のアニメMVが外国の方々にも評判が良かったので、今回もグラフィカルな仕上がりにしたいと思いました。字幕のテイストも、海外の方がアップロードしている日本のアニメやMVのようなイメージにしたいと伝えました。海賊版風ですね。

を披露し、旧来のファンを驚かせた。降幡がカバーした「愛は心の仕事です」は1988年に発表されたファーストシングル。

*92 **二名敦子**
シンガーソングライター。1983年にメジャーデビュー。降幡がカバーした「Wonderland 夕闇City」（※作曲は杉真理）は、1986年に発表されたアルバム『him』収録曲。

*93 **杉山清貴**
シンガーソングライター。1983年に、「杉山清貴&オメガトライブ」でデビュー。1985年にバンドが解散するとソロとしての活動を開始する。「風のLONELY WAY」は5枚目のシングル。

*94 **MV**
「愛は心の仕事です」のMVをプロデュースしているのは、THINKRというクリエイティブプロダクション&マネジメントチーム。

ソロ活動をはじめてからの変化

ソロアーティストとして活動をはじめて2年が経ちましたが、ソロ活動から知ってくださって、ライブに来てくださるファンの方も増えたように思います。MCで自分が参加しているアニメ作品について話していてもポカンとしている方もいらっしゃって、「あ、ヤバい」となることもありました（笑）。これまでは声優から私を知ってくださる方が大半でしたが、bayfm[*95]でやっているラジオを聴いてライブに来てくださる方や、楽曲を知ってからライブに来てくださる方も増えているんです。逆に「ルビィちゃんの声優だったの？」とか、そもそも歌手として認知してくださっていて、「声優だったんだ！」と驚かれることも正直、あります。だから、けっこうMCは難しいですね。そういうふうに様々なところから私を知ってくださるのは、ソロ活動をしていてうれしいことのひとつですね。

声優仲間で言えば、工藤晴香[*96]さんは、「CITY」から私の活動に注目してもらっていて、今でもライブに来てくださいます。「おしゃれな曲を歌っていますね！」と褒められています（笑）。一方で、Aqoursのメンバーからは「CITY」の振り付けを延々と真似されたり、ちょっと遊ばれているところもありますが（笑）。ただ、

---

*95 **bayfm**
千葉県のFM放送局。2021年1月からスタートした、降幡愛のレギュラー番組『Because of you』を制作・放送している。『Because of you』は、降幡が80年代の洋楽・邦楽を紹介する音楽バラエティ。前口上は、「会いたい！愛して！I need you！〝あい〟の三拍子 降幡愛！」。

*96 **工藤晴香**
声優、歌手。エースクルー・エンタテインメント所属。愛称は「くどはる」。『Seventeen』専属モデルを務めたのち、『ハチミツとクローバー』で声優としてデビュー。2020年にはソロアーティストとしてデビューを果たした。『バンドリ！』では氷川紗夜役を務め、バンド「Roselia」のギター担当としても活躍している。

デビューしてみると思いの外反応があって、驚きました。褒めてくださる人のなかには、「一生できる音楽性ですよね」と言ってくださる方もいました。なるほど、そう言われてみればそうだなと。私はすごくその時にハマっている、好きなものだったからやりたいと思ったんですけど、そういう考え方も確かにできるなと目から鱗でした。ともすれば「色物」にも見られがちなので、真面目に突き詰めていきたいと思いましたけどね。

広がるシティ・ポップ

本間さんもお忙しい方なので、最近は以前ほどゆっくりお話できる機会が減っているのですが、たまに食事とかに誘ってもらって、今やりたい音楽のイメージなどを伝えています。私の好きを理解してくださっているので、その中で新しいチャレンジをできればと思いますね。本間さんとの楽曲制作以外にも、去年はNight Tempoさんともコラボレートして、「Be With You feat. Ai Furihata」[*97]をリリースできました。80年代というより90年代風のトラックで、歌うのはめちゃくちゃ難しかったです。Night Tempoさんは、80年代のサウンドだけがシティ・ポップではない

*97 Be With You feat. Ai Furihata
2022年11月に配信リリースされたNight Tempoによる楽曲。Night Tempoによるオリジナル楽曲で、クールなトラックに、降幡のラブリーな声がのるディスコハウス・チューン。MVは「不純喫茶ドープ」で撮影されている。

とおっしゃっていて、私もそれは思っていて。言葉通り、広い意味で都会的なものですよね。楽曲自体は、Night Tempoさんが映画の『鉄道員』[*98]を観ていた時にインスパイアされてできたものらしく、日本の冬への憧れが詰まっているそうです。「降幡さんに合う曲ができたよ」と連絡がきたので、じゃあ歌詞を書きます！ってそのまま1曲仕上がった形でした。この流れで何曲か作ろうかという話もあったのですが、お互い仕事が忙しくてそこまではできていないですね。

でも、「Be With You」はかなり可愛らしい感じで仕上がったと思います。本間さんプロデュースの楽曲に比べると、わりとキュートさを強調した、キャラクターボイスに近い雰囲気で歌っていて。その違いを明確に出せたのは良かったと思います。個人的にはNight Tempoさんとはコラボレートを続けたいと思っていて、その中でも、「パープルアイシャドウ」や「ハネムーン」をクラブミックスしてもらいたいという願望がありますね。

歌手として見せたい、声の多面性

カメラを趣味にしていたことが雑誌の連載[*99]につながったり、好きに描いていた絵

---

*98 鉄道員
浅田次郎の小説を原作とした実写映画で、1999年に公開。主演は高倉健、共演に大竹しのぶ、広末涼子など。コメディアンである志村けんが生前、唯一出演した映画である（ザ・ドリフターズとしての映画を除く）。

がグッズになったりと、幅広くやらせてもらっている自負はあるのですが、中でも音楽活動は、多くのスタッフの方に動いていただいています。降幡愛として、声優という軸と、ソロアーティストとしてのもうひとつの軸が、そのおかげで確立されていった2年間だったなと思います。そのふたつの軸のギャップを楽しんでもらえたら嬉しいですし、これからもその両面を見せられる環境にあり続けたいと思います。

最近だと、『プロセカ』内のユニット「MORE MORE JUMP!」[*100]として歌う機会も増えてきていて、そこでも新しい一面を感じてもらえるように頑張りたいです。ボーカロイドの歌（初音ミク）がベースなので、とにかく譜割りも音域もちょっと難しくて、「大変！」って思いながら歌っています（笑）。でも、Aqours、ソロ、MORE MORE JUMP!、Night Tempoさんとのコラボと、すべてが違うボーカルとして受け取ってもらえるようにするのが当面の目標です。声の仕事に携わっている者として、そこは今後もこだわっていきたいですね。

*99
雑誌の連載

カメラ・写真雑誌『フォトテクニックデジタル』（玄光社）で連載されていた、「降幡写真工房」のこと。フォトグラファーの浅岡省一氏に、デジタルカメラでの撮影を学ぶという内容。2021年12月には、連載をまとめた『降幡写真工房 FPL THE BEST』が発売された。

*100
MORE MORE JUMP!

『プロジェクトセカイ カラフルステージ！ feat. 初音ミク』内に登場するアイドルユニット。降幡はメンバーのひとり桃井愛莉の声と歌唱を担当している。

72 玄光社

出版社

私の写真集やフォトブックを発売してくださった出版社です。そもそも『フォトテクニックデジタル』での連載のお話も、私が写ルンですを使っているのを出版社のスタッフさんが知っていて、お声がけいただいたのが最初ですね。一緒に連載をやっていたスタッフの方たちとはいまだに仲良しで、今でもたまにご飯に行くこともあるくらいです。連載や本の制作を通じていろんなクリエイターの方々と出会うことができましたね。

73 フォトテクニックデジタル

カルチャー

まる4年、月1で連載をさせてもらっていた雑誌です。一眼レフを持っていろんな場所に撮影に行きました。残念ながら休刊になってしまいましたが、フォトグラファーの方と一緒に何かを作ることだったり、自分の作品が掲載されたりと、声優だけじゃできない体験をいろいろさせてもらいましたね。写ルンですは使っていましたけど、連載がはじまるまではそんなにカメラ自体に興味もなかったので、ひとつの転機になりましたね。

74 水中ニーソ

カルチャー

デザイナーで写真家の古賀学さんが手掛けている、ニーソックスを履いた少女を水中で撮影するプロジェクトです。Instagramで作品を拝見して気になっていたのですが、写真展にもタイミング良く伺うこともできて。当時、カメラの連載をやっていたので、古賀さんとコラボしたいと伝えて、私自身も水中ニーソの被写体としてプールに入りました。意外なふたつのものを掛け合わせるセンスが素敵だし、実際の撮影でも、世界観を追求する古賀さんの姿勢に驚きました。

75 オカモトレイジ（OKAMOTO'S）

アーティスト

レイジさんは、スニーカーやアパレルを扱う「atmos pink」のつながりでご紹介いただいて、一緒にインスタライブをやったあと、QJの連載第1回にもゲストで登場いただきました。今でもあの対談の雰囲気は独特で、印象的ですね。カルチャーに対する考え方は真逆だったけれど、それが面白いというか、勉強になりましたね。いろんな音楽を教えてもらいましたし、「好きな人には迷わずDMを送ろう」の精神は今も胸に刻まれています。

76 NOSTALOOK

アーティスト

デュア・リパの「Levitating」のアニメーションビデオが流行っていて、という話をスタッフさんから教えてもらって、その制作を担当していたことでNOSTALOOKさんを知りました。その後、レイジさんの教えを受けて、初めてDMをこちらから送るというチャレンジをして。多少の酔いにも任せた行動でしたが……（笑）。ただ、実際に対面してみると、同世代だし、80'sも含めて好きなカルチャーも似ていて、MVをお願いできたのは本当に良かったです。

77 Night Tempo
アーティスト

QJの連載にゲストで来てもらったことで友達になりまして、毎日LINEでやり取りしていますね。とにかく80'sのシティポップや歌謡曲のことはなんでも知っているし、目のつけどころや好きになるツボが似ているところがあるので、話していて楽しいですね。一度、中野のブロードウェイに一緒に行く機会があったのですが、アニメの原画が置かれているコーナーで「これは今買わないと高くなりますよ」とか、いろいろ指南してくれました（笑）。

78 浅野ナナ
アーティスト

QJの連載でうれしかったのは、浅野さんと音楽だけではなくて、ファッションや当時のカルチャーについてのお話ができたことですね。浅野さんは私よりも年下ですけど、80'sをただ懐かしむだけじゃなくて、そこで生まれた「好き」を現代でも突き詰めようとする感覚が似ているなと思います。対談もすごく面白かったですし、話題にも出ていた中森明菜さんがその直後に復活する兆しを見せたのにはちょっとびっくりしましたね。

79 宇多丸
アーティスト

めちゃくちゃ紳士な方でした。念願だった『アトロク（アフター6ジャンクション）』にも出演できましたし、話していてもめちゃくちゃ楽しくて。普段は硬派なHIPHOPをやられているのに、物腰は異様に柔らかいというギャップも素敵。私が「インプットはいつされているのでしょう?」と質問した時に「この番組で」と答えてくださったのが潔くて刺さりました。私の音楽性を理解してくださっていますし、また番組にも呼んでほしいですね。

80 藤井隆
アーティスト

すごくお優しい方で、撮影も対談もスムーズに進めてくださいました。話し上手で、対談なのに思わず聞き入ってしまいましたね。特に、「自分が王道だと信じてやっていたものが、じつはマイナーだった」というエピソードはめっちゃグッときました。対談のあと、改めて藤井さんの音楽を聴き直したのですが、どれも芸人さんの音楽というところに留まらない藤井さんらしさがあって、クリエイティブな方だなと思います。

81 ロサンゼルス
海外

人生で初めての飛行機、人生で初めての海外は、お仕事で訪れたアメリカ・ロサンゼルスでした。ロスは何もかもが華やかで、今、思い返しても、楽しい思い出がいっぱいあります。これは余談なのですが、私のパスポートの写真、なぜか白黒写真なんです（笑）。今はみんなカラーなのに……その謎は解明されていません。

82 河森正治 アーティスト

河森さんには『誰ガ為のアルケミスト』の劇場版でお世話になって、ちょうどそのタイミングで、これまでの創作活動を振り返る展示会「河森正治EXPO」が開催されていたんです。河森さんといえば『マクロス』シリーズが有名ですし、私も『マクロスF』世代として影響を受けているのですが、「EXPO」では、河森さんの手描きメカだけじゃなく、中国の奥地で撮影した写真などもたくさん展示されていて。そうした人との触れ合いを大切にすることが、アニメーション制作にとっても重要だと教えていただきました。

83 誰ガ為のアルケミスト アニメ・漫画

『ラブライブ！サンシャイン!!』で本格的にデビューしたあと、それほど大きなところで場数を踏んでいないタイミングで第3部の主演をして。そこで今井麻美さんだったり、生天目仁美さんに励ましてもらいながらなんとかやり切れた仕事でした。ゲームやアプリの収録はひとりで収録が普通なのですが、アニメのアフレコ現場では音響監督からのディレクションをその場で反映させなきゃいけない。改めて声優は職人芸だなと思いましたね。

84 ドラゴンクエスト ダイの大冒険 アニメ・漫画

ゴメちゃんを2年弱演じた、思い出深い作品です。コロナ禍のアフレコだったので、大人数での収録ができなかったのですが、それでも、前野智昭さんや梶裕貴さん、緒方賢一さん、三木眞一郎さんなど、錚々たるみなさんと共演することができて、いろいろ吸収できました。ゴメちゃんとして声をかけていただくことも増えましたし、ゴメちゃんの大事なシーンの時は、いろいろな方から連絡もいただけて、やり切れて良かったです。

85 ふりりんは文化 ニコ動

私がソロでMCをする冠番組で、ひとり喋りでお願いしますというお話をいただいた時は驚きました。でもせっかくなので自分らしさを出していきたいなと思い、文化をテーマにした番組になりました。「文化」って良いコンセプトだと思うんですよ。80年代のこともそうですし、興味があればコーヒーとか海外のこととかにも結びつけられましたし。温かいスタッフのみなさんのおかげで少しはおしゃべりも上達したかな……と。印象に残っている回としては、はじまってすぐに香港ロケに行ったんです。プロデューサーの奥様が香港の方で、コーディネイトもできるということだったので、ネット番組なのに「じゃあ行ってしまおうか（笑）」と。せっかくなので、当時連載をしていたカメラチームも一緒に同行して、本当に家族旅行のような、慰安旅行のような。ビクトリア・ピークという高層ビルから景色を一望した時は感動しましたね。「やべぇっ」て声が出ました。

86 ビルボードライブ

ライブハウス

ソロとしての初ライブがBillboard Live YOKOHAMAだったので、お酒や料理を楽しんでもらいながら観てもらうスタイルが落ち着きますね。横浜は新しくてシャンデリアが綺麗だし、TOKYOも東京タワーを背にして歌える。スタッフの方々のおもてなしもすごくて、コラボフードを作ってくださったり、送迎の時も拍手で見送ってくださるんです。普段はジャズや海外アーティストの方がたくさん出演されている場所ですし、自分は立たせてもらえるだけでうれしいですね。

87 米百俵フェス

カルチャー

私が去年、初出演したフェスです。（フェスのための）メインバンドのバンマスが本間さんだったので、いつか出たいと思っていたのが念願叶って、という感じでした。ベースを弾いてくださったのも、私のライブにも参加されている根岸（孝旨）さんで、思ったよりアウェイの雰囲気はなかったですね。生憎の天気でしたけど、すごく解放的な雰囲気で、お客さんも盛り上がってくださったので良かったです。もっとフェスには出てみたいですね！

88 ギター

カルチャー

ソロでアーティスト活動をはじめたとき、ギターには憧れがあったので、フェンダーのムスタングを買ったんです。薄ピンクの可愛いヤツで、「なんでも見た目から！」と思って衝動的に買ったのですが、なかなか練習に身が入らなくて（笑）。それでも、1stツアーの時にいよいよ弾かなきゃとなり、フェンダーの「Player Lead Ⅲ」という、80年代前半まで生産されていたものの復刻版を使って演奏しました。でも、まだちゃんとは弾けないままなので、練習します……！

89 武藤彩未

アーティスト

武藤ちゃんとは同世代ですけど、本間さんやnishi-kenさんとも10年以上前から仕事をしていて、経験豊富なプロフェッショナルなんです。しっかりしていてお姉ちゃん気質で、私もその振る舞いに影響を受けています。「ハンサムレディ」の歌詞は武藤ちゃんとライブのリハーサルをやっている時期に書いたので、その人柄も参考にしました。私の歌詞の中で「こういうフレーズが好き」と武藤ちゃんが教えてくれたものも反映していますね。

90 COCO

アーティスト

キッズモデルのCOCOちゃんは、6歳くらいから自分でコーディネイトしたファッションをInstagramにアップしていて。それが海外のブランドや著名人の目に留まって話題になったのですが、そのセンスが独特なんですよ。「ナイキのスニーカーにその服を合わせるんだ!?」とか、スタイリングの良い参考になっていますね。特に、サングラスとか帽子の使い方が上手で、年齢関係なく、そのセンスに感心することが多いです。

91 Instagram
SNS

Instagramをはじめたのは2017年の後半ですね。SNSはあまり得意じゃないという自覚があって、流行りはじめてからも長いことアカウントを持っていなかったのですが、今は情報収集ツールとしてはめちゃくちゃ活用しています。ビジュアルがメインなのが私にとって使いやすいですね。そこから関連のアーティストやクリエイターにもつながりやすいですし、好きな人が誰をフォローしているのかも確認できるので。永遠に衰退してほしくないサービスですね。

92 日本酒
カルチャー

アルコール遍歴としては、もともと炭酸に弱い体質なのでビールにはいかず、梅酒から入りました。それからハマったのが日本酒ですね。お酒が好きなお父さんにいろいろオススメを教えてもらいながら、大吟醸とはこんな感じなのか……と試しながら。味としては辛口よりもまろやかで飲みやすいほうが好みです。最近だと、加茂錦という新潟県のお酒がめちゃくちゃ美味しくて、ネットで取り寄せて飲んでいるくらいです。

93 Wacom
カルチャー

学生時代はアナログで描いていましたし、トーンも自分で切り貼りしているときもありました。それから声優デビューしたあと、SNSでいろんな人が見てくださるようになったので、デジタルでも漫画やイラストが描けるようになりたいと、小さなWacomの液晶タブレットを買ったんです。そのサイズだと限界があったので、すぐに大きなサイズのものを買い直して使っていますけど、まだデジタルはちょっと難しいなと思っていますね。

94 可哀想に！
アーティスト

私が演じている黒澤ルビィ（『ラブライブ！サンシャイン!!』）のキャラクターソングで、ミュージックビデオを手がけてくださったクリエイターです。このMVがきっかけで可哀想に！先生に出会いました。おひとりでイラストデザインからアニメーションまでできちゃう先生で、「おぱんちゅうさぎ」や「んぽちゃむ」など、どこか切なくて可哀想に感じる個性的で可愛らしいキャラクターを生み出しています。いちファンとして、可哀想に！先生の世界観や人柄がすごく好きです！

95 加圧トレーニング
体力づくり

私たちの仕事は身体が資本なのですが、定期的にやっているのが加圧トレーニングです。コロナの影響でちょっと休んでいる期間もありましたけど、2019年にはじめたので3年くらい経ちますね。はじめてからの大きな変化として、劇的に痩せました。サランラップを体全体にぐるぐると巻きつけて圧をかけて、その状態でストレッチとトレーニングをするのですが、一瞬で汗がしたたり落ちるんです。長い時間続けると逆に効果が出ないので、30分、みっちりやっています。

96 ジョギング
体力づくり

運動が苦手なのですが、『ラブライブ！サンシャイン!!』がはじまる前にさすがに絞らなきゃと思い、毎朝公園をジョギングしていた時期がありました。朝まで飲むことがあっても必ず8時には起きて、近所の公園を走って。一度気持ち悪くなって、倒れそうになった記憶もありますけど（笑）。その後もトレーニングは継続しようと努力していますが、ジムはあまり続かないですね。飽き性なので、短期集中してできるものが良いです。

97 アート
カルチャー

声優になっていなかったら、美術の道に進もうと思っていたくらい、アートやクリエイティブなことが大好きです。休みの日や仕事の合間には、美術館や展示会に行っていろんなものをインプットするようにしています。あいみょんさんのアートワークを手掛けられている「とんだ林蘭」さんも目をつけていた方のおひとりです。ほかにも、conixさん、愛☆まどんなさん……いろんなクリエイターの方の作品に刺激を受けています。

98 肉
カルチャー

私の家族は、祝いごとがあると必ずといっていいほど焼肉を食べに行っていました。声優になってからも、ちょっとした打ち上げとかでお肉を食べることは多くて、お肉に詳しい「肉マイスター」と呼ばれるような方にメディアに出ていないようなお店にも連れて行ってもらいました。あと、声優という職業柄、喉を酷使する仕事ではあるので、疲れた時にお肉を摂取するのはヘルスケア的にもけっこう重要なことではありますね。

99 タン塩
カルチャー

そんなお肉の中で私が愛して止まない部位がタン塩です。薄切りでも厚切りでも良くて、焼肉屋に行ったら、まずはタン塩を頼みます。子供のころは美味しいものを最後に取って置く派でしたけど、大人になってからは、いつ死んでも良いように（笑）、好きなものを先に食べる派に転向しました。ちなみにレモンはしっかりかける派で、ご飯はいらない派です。お肉のときは基本的に肉しか食べませんね。

100 日常感
カルチャー

カメラが趣味なので、いわゆる写真映えするようなところも好きなのですが、逆に汚いものや、注目されていないもの、みんなが忘れてしまったものにも目がいきますね。単刀直入に言うと、ゴミとかも。渋谷で捨てられている大量のゴミとか、新橋とか六本木のど真ん中に突如として現れる、生活感が漂う昔ながらの家とか。きらびやかなものの裏にあるアウトローな風景には惹かれるところがありますね。

Ex.1 声優

カルチャー

憧れたものであり、自分の今の職業です。声優として活動をはじめてから8年ですが、平成から令和になって、そのステータスがずいぶん上がったのを感じています。昔はオタクっぽいと毛嫌いする人もいたので……。ですが、今は自信を持って「声優しています」と言えます！

Ex.2 降幡愛

本人

声優という仕事に就いていますが、肩書に縛られず、いろんなことに挑戦したいですね。もちろん、声優になりたくて飛び込んだ世界なので、それはブレずにやりながら、今回みたいに、いろんなカルチャーを体験して、発信していく立場にもなれると良いなと思います。

長野に生まれて、普通の家庭で普通に育った人間だし、専門学校に入ってから声優になるという、いわばスタンダードな流れでここまで来ました。劇的なものってなにもないし、壮絶な人生だった！ってわけでもなく。ただ、好きなものは好き、嫌いなものは嫌いというジャッジだけはしていて。そういう普通の生き方、考え方でも声優としてやっていけるのだというのを体現できればと思っています。その中で、人を敬ったり、支えたり、愛だけは大切にしていきたい。両親につけてもらった名前でもありますし、そこには恥じないように。愛は心の仕事ですからね。

降幡愛ディスコグラフィ 2020－2022

2020年に、ソロアーティストとしてデビューを果たした降幡愛。配信シングル「CITY」を皮切りに、2022年までに配信シングル3枚、シングル2枚、ミニアルバム2枚、カバーアルバム2枚、ライブBlu-ray 1枚をハイペースでリリースしている。「80's」「シティ・ポップ」「バブル」「憧れ」といったコンセプトから展開していく降幡ワールドは、令和の夜をネオンとカクテルライトに染めてしまう。

2020.06.11

CITY

DIGITAL SINGLE

作詞：降幡 愛／作曲・編曲：本間昭光（bluesofa）

2020.11.16

パープルアイシャドウ

DIGITAL SINGLE

作詞：降幡 愛／作曲・編曲：本間昭光（bluesofa）

降幡愛 ディスコグラフィ 2020-2022

【CD／通常盤】LAPS-5000 収録曲 01：CITY 作詞：降幡 愛／作曲・編曲：本間昭光（bluesofa） 02：シンデレラタイム 作詞：降幡 愛／作曲・編曲：本間昭光（bluesofa） 03：Yの悲劇 作詞：降幡 愛／作曲・編曲：本間昭光（bluesofa） 04：ラブソングをかけて 作詞：降幡 愛／作曲・編曲：本間昭光（bluesofa） 05：プールサイドカクテル 作詞：降幡 愛／作曲・編曲：本間昭光（bluesofa） 06：OUT OF BLUE 作詞：降幡 愛／作曲・編曲：本間昭光（bluesofa）

【CD／初回限定盤】LAPS-35000～1 収録曲 01：CITY 作詞：降幡 愛／作曲・編曲：本間昭光（bluesofa） 02：シンデレラタイム 作詞：降幡 愛／作曲・編曲：本間昭光（bluesofa） 03：Yの悲劇 作詞：降幡 愛／作曲・編曲：本間昭光（bluesofa） 04：ラブソングをかけて 作詞：降幡 愛／作曲・編曲：本間昭光（bluesofa） 05：プールサイドカクテル 作詞：降幡 愛／作曲・編曲：本間昭光（bluesofa） 06：OUT OF BLUE 作詞：降幡 愛／作曲・編曲：本間昭光（bluesofa）
【Blu-ray】01：「CITY」Music Video 02：「CITY」Music Video（Band edition） 03：Music Video & Photo Shoot Making

2020.09.23

MINI ALBUM

Moonrise

【LP／完全数量生産限定盤】LAPS-1000 ■A面 01：CITY 作詞：降幡 愛／作曲・編曲：本間昭光（bluesofa） 02：シンデレラタイム 作詞：降幡 愛／作曲・編曲：本間昭光（bluesofa） 03：Yの悲劇 作詞：降幡 愛／作曲・編曲：本間昭光（bluesofa）
■B面 01：ラブソングをかけて 作詞：降幡 愛／作曲・編曲：本間昭光（bluesofa） 02：プールサイドカクテル 作詞：降幡 愛／作曲・編曲：本間昭光（bluesofa） 03：OUT OF BLUE 作詞：降幡 愛／作曲・編曲：本間昭光（bluesofa）

MINI ALBUM

2020.12.23

メイクアップ

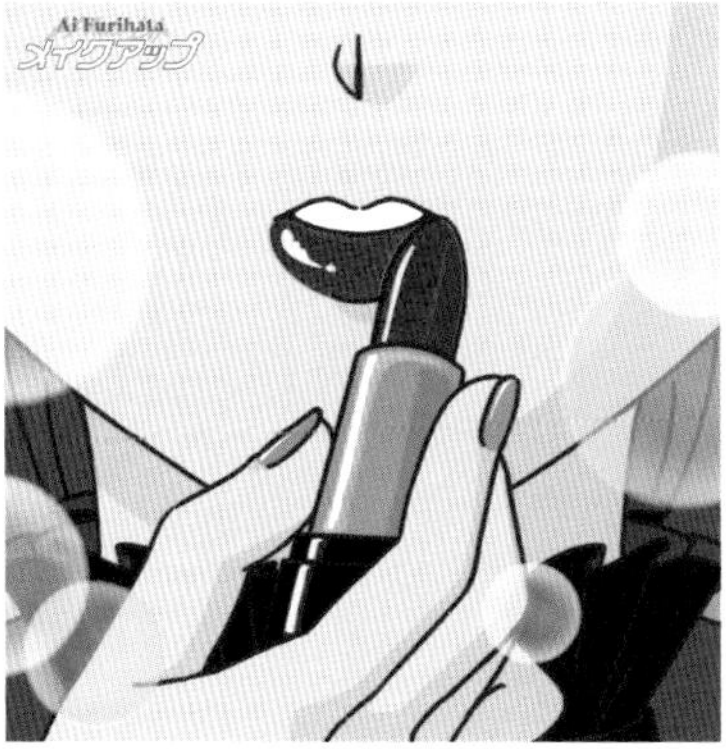

【CD／通常盤】LAPS-5002 収録曲 01：パープルアイシャドウ 作詞：降幡 愛／作曲・編曲：本間昭光（bluesofa） 02：RUMIKO 作詞：降幡 愛／作曲・編曲：本間昭光（bluesofa） 03：桃源郷白書 作詞：降幡 愛／作曲・編曲：本間昭光（bluesofa） 04：SIDE B 作詞：降幡 愛／作曲・編曲：本間昭光（bluesofa） 05：ルバートには気をつけて！ 作詞：降幡 愛／作曲・編曲：本間昭光（bluesofa） 06：真冬のシアーマインド 作詞：降幡 愛／作曲・編曲：本間昭光（bluesofa）

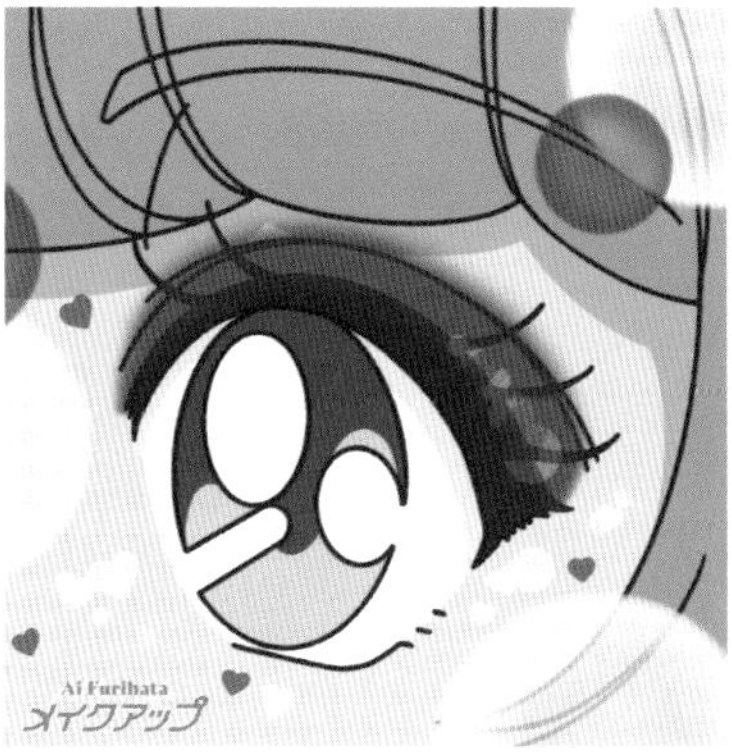

【CD／初回限定盤】LAPS-35002～3 収録曲 01：パープルアイシャドウ 作詞：降幡 愛／作曲・編曲：本間昭光（bluesofa）／02：RUMIKO 作詞：降幡 愛／作曲・編曲：本間昭光（bluesofa）／03：桃源郷白書 作詞：降幡 愛／作曲・編曲：本間昭光（bluesofa）／04：SIDE B 作詞：降幡 愛／作曲・編曲：本間昭光（bluesofa） 05：ルバートには気をつけて！ 作詞：降幡 愛／作曲・編曲：本間昭光（bluesofa） 06：真冬のシアーマインド 作詞：降幡 愛／作曲・編曲：本間昭光（bluesofa）
【Blu-ray】01.「パープルアイシャドウ」Music Video／02. Music Video & Photo Shoot Making

Ai Furihata Discography

SINGLE

2021.9.29

ハネムーン

【CD／初回限定盤】LAPS-34003～4　収録曲　01：ハネムーン 作詞：降幡 愛／作曲・編曲：本間昭光　02：真夜中のフライト～約束の時刻～ 作詞：降幡 愛／作曲・編曲：本間昭光　03：シークレット・シュガー 作詞：降幡 愛／作曲・編曲：本間昭光　04：ハネムーン（Instrumental）作曲・編曲：本間昭光　05：真夜中のフライト～約束の時刻～（Instrumental）作曲・編曲：本間昭光　06：シークレット・シュガー（Instrumental）作曲・編曲：本間昭光
【Blu-ray】01：「ハネムーン」Music Video　02：Music Video & Photo Shoot Making

【CD／通常盤】LAPS-4003　収録曲　01：ハネムーン 作詞：降幡 愛／作曲・編曲：本間昭光　02：真夜中のフライト～約束の時刻～ 作詞：降幡 愛／作曲・編曲：本間昭光　03：シークレット・シュガー 作詞：降幡 愛／作曲・編曲：本間昭光　04：ハネムーン（Instrumental）作曲・編曲：本間昭光　05：真夜中のフライト～約束の時刻～（Instrumental）作曲・編曲：本間昭光　06：シークレット・シュガー（Instrumental）作曲・編曲：本間昭光

7inch RECORD

2021.04.18

AXIOM

【完全数量生産限定盤】LAVZ-10004
■A面　AXIOM 作詞：降幡 愛／作曲・編曲：本間昭光
■B面　うしろ髪引かれて 作詞：降幡 愛／作曲・編曲：本間昭光

DIGITAL SINGLE

2021.6.19

シークレット・シュガー

作詞：降幡 愛／作曲・編曲：本間昭光

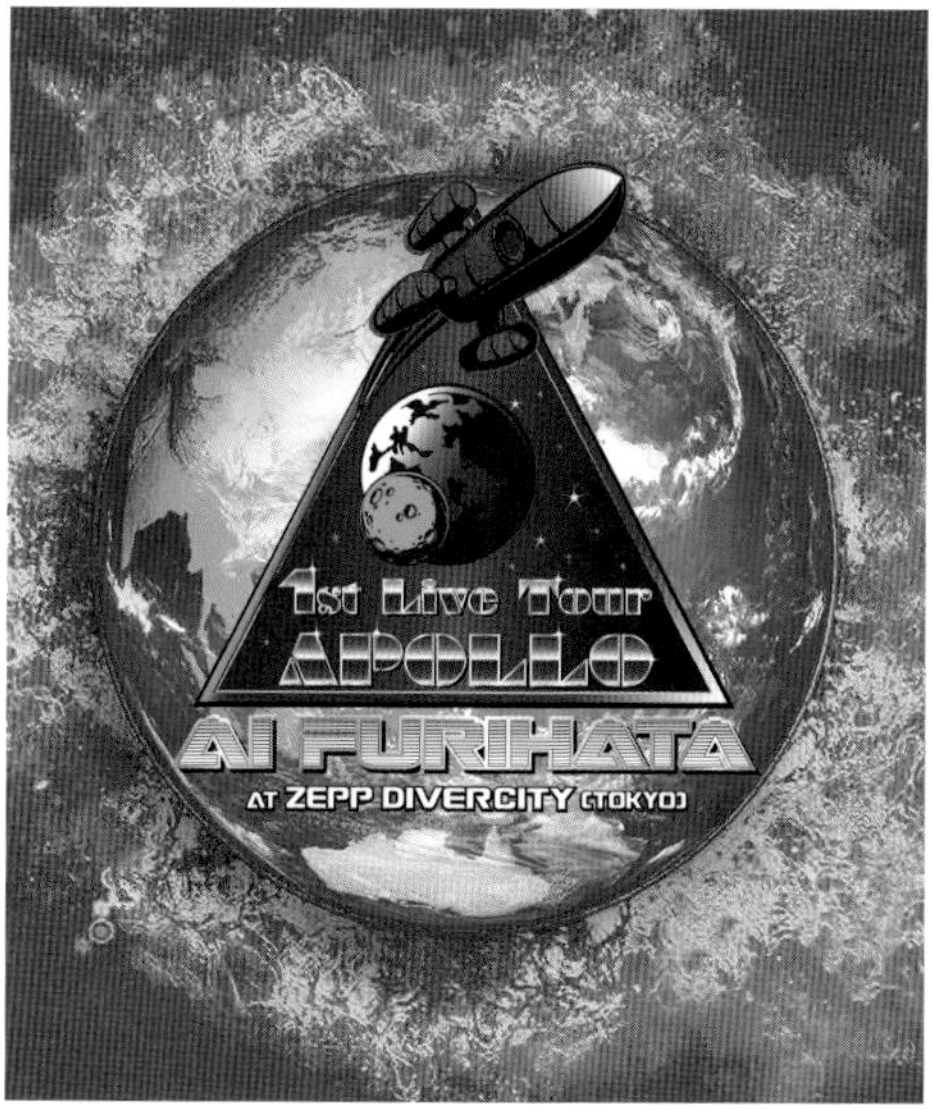

2021.9.29

降幡 愛 1st Live Tour POLLO at Zepp DiverCity(TOKYO)

Blu-ray

【LIVE Blu-ray】LAPS-8001　収録曲〈セットリスト〉 M1：AXIOM／M2：プールサイドカクテル／M3：ラブソングをかけて／M4：パープルアイシャドウ／M5：RUMIKO／M6：桃源郷白書／M7：ルバートには気をつけて！／M8：シンデレラタイム／M9：OUT OF BLUE／M10：SIDE B／M11：Yの悲劇／M12：CITY／M13：うしろ髪引かれて／EN1：シークレット・シュガー／EN2：真冬のシアーマインド／EN3：AXIOM

SINGLE

2021.12.01

東から西へ

【CD／通常盤】LAPS-4007　収録曲 01：東から西へ 作詞：降幡 愛／作曲・編曲：本間昭光　02：サンセットに忍ばせて 作詞：降幡 愛／作曲・編曲：本間昭光　03：ネオ・イルミネーション 作詞：降幡 愛／作曲・編曲：本間昭光　04：東から西へ（Instrumental）作曲・編曲：本間昭光　05：サンセットに忍ばせて（Instrumental）作曲・編曲：本間昭光　06：ネオ・イルミネーション Instrumental）作曲・編曲：本間昭光

【CD／初回限定盤】LAPS-34007～8　収録曲 01：東から西へ 作詞：降幡 愛／作曲・編曲：本間昭光　02：サンセットに忍ばせて 作詞：降幡 愛／作曲・編曲：本間昭光　03：ネオ・イルミネーション 作詞：降幡 愛／作曲・編曲：本間昭光　04：東から西へ（Instrumental）作曲・編曲：本間昭光　05：サンセットに忍ばせて（Instrumental）作曲・編曲：本間昭光　06：ネオ・イルミネーション（Instrumental）作曲・編曲：本間昭光
【Blu-ray】01：「東から西へ」Music Video　02：Music Video Making

COVER ALBUM

2022.09.28

Memories of Romance in Driving

【CD】LAPS-5016　収録曲 01：City Hunter～愛よ消えないで～（小比類巻かほる）02：愛は心の仕事です（ラ・ムー）03：AIRPORT LADY（角松敏生）04：プラスティック・ラブ（竹内まりや）05：Wonderland 夕闇 City（二名敦子）06：風の LONELY WAY（杉山清貴）

COVER ALBUM

2022.04.27

Memories of Romance in Summer

【CD】LAPS-5013　収録曲 01：夏のミラージュ（和田加奈子）02：君は 1000%（1986 オメガトライブ）03：君たちキウイ・パパイア・マンゴーだね。（中原めいこ）04：Lucky Chance をもう一度（C-C-B）05：You're My Only Shinin' Star（中山美穂）06：RIDE ON TIME（山下達郎）

あとがき

ここまで目を通してくださったそこのあなた！

い、いかがでしたか……？

今、あとがきを書いているんですけど、私も完成が一体どうなっているのか楽しみな状態で書き進めています（笑）。

みなさんは〝終わり〟や〝ゴール〟のような達成感を味わうことはお好きですか？

何事も始まれば終わりがくるのは当たり前ですが本が完成してホッとしている反面、寂しい気持ちも少しあります。完成させることももちろん大変ですし、大事なことなんですが続けることも同じように大変だぁと思います。

少し脱線してしまいますが、ふと続けることは「変わらないこと」なのか「変化していく」ことなのか考えたことはありますか？　今回、自分のルーツを辿っていって影響を受けたものや学んだものを並べた時に、自分も誰かの〝好きなもの〟になれたらいいなぁと思いました。

自分が出演しているアニメだったり、描いた絵だったり、歌だったり……。

何かひとつでも〝好き〟になってもらえるように、頑張るモチベーションが上がった気がしています。

私があげた好きなものたち、影響を受けた人たちのように。

『降幡愛』もそんな存在になれたらと思います。

新しい夢がまたひとつできました。

そして、そのために必要なことは「変わらないこと」なのか「変化していく」ことなのか。

どちらが正解かということではないですが、頑張った先に何か見つかるかもしれませんよね！

最後にこの本が完成したのは、この本に記載されているすべての私が〝好き〟な人たちのおかげです。

そしてここまで読んでくださって、本当にありがとうございました。それでは、またどこかでー!!

降幡愛と
100のカルチャー

発行日　2023年3月31日　第1刷発行

降幡 愛

with

photo　飯田エリカ　hairmake　金澤美保

styling　阿嘉遥菜　interview, text & edit　森 樹

edit　渡部 遊、小林 翔

design　鯉沼恵一（ピュープ）　support　針谷美和

special thanks

株式会社アクロス エンタテインメント

株式会社バンダイナムコミュージックライブ

撮影協力　ULTRA SHIBUYA（株式会社ウルトラ・ヴァイヴ）

衣装協力　[special photo　CITYと私、CITYと光]
ニットトップス￥23,900（マルディメクルディ／ムシンサ　ジャパン　japan@musinsa.com）　パンツ￥14,300（アールショップ／アールショップ　03・4363・8569）　ファーフーディスカーフ￥16,500（ロドリリオン／ネペンテス　ウーマン　トウキョウ　03・5962・7721）　その他／スタイリスト私物
[special photo　NIGHT CRUISING]
ベスト￥37,400、シャツ￥25,300（ロドリリオン／ネペンテス　ウーマン　トウキョウ）　スカート￥16,500（アールショップ／アールショップ）　その他／スタイリスト私物

初出

『降幡愛のロマンティックが足りてない!?』
『Quick Japan』（小社刊）vol.157 ～ vol.163
（2021年10月～2022年10月　全7回）
その他は本書語り下ろし

発行人　森山裕之

発行所　株式会社太田出版

160-8571　東京都新宿区愛住町22 第3山田ビル4F
電話　03-3359-6262／電話　03-3359-6281（編集部）
振替口座　00120-6-162166（株）太田出版
太田出版ホームページ　https://www.ohtabooks.com

印刷・製本　株式会社シナノ　ISBN 978-4-7783-1849-9 C0095

降幡愛のロマンティックが足りてない!?

降幡愛のロマンティックが足りてない!?

ゲスト オカモトレイジ (OKAMOTO'S) 第1回

声優、歌手の降幡愛による連載が今号よりスタート。80'sを中心にさまざまなカルチャーに興味津々な彼女が、ゲストを招いて好きなものへの向き合い方を掘り下げる。第1回目のゲストは、OKAMOTO'Sのオカモトレイジ。実はふたり、取材の少し前にインスタライブでコラボしたばかり。ほぼ初対面のふたりだが、岡村靖幸の話で盛り上がり……。

——こうやって会って話すのは2回目とのことですが、岡村靖幸のファンという共通点があるんですよね。

降幡　岡村ちゃんは、いきつけの台湾料理屋でたまたま流れていたんですよ。「なにこの曲!?　めっちゃグルーヴィー!」って気になって、それが「イケナイコトカイ」だったんです。そこからいろいろハマって。

レイジ　オレは小さい時から名前を知ってはいたんです。母親が『月刊カドカワ』で働いていたから、当時特集された雑誌が家にあって、「この人(の写真は)なんでいつも乳首が出ているんだろう」と思っていて(笑)。

降幡　ふふふふふ。

レイジ　本格的にハマるのは、20歳くらいに「どぉなっちゃってんだよ」を聴いてからですね。それからイベントで幾度か挨拶するうちに仲良くしてもらって、カラオケに行ったり、飲みに行ったり。

降幡　すごい……!　私、お話できなくて良いので、飲んでいる姿を別の席から見ていたいです(笑)。

——生まれる以前のカルチャーに対して、ふたりはどのように掘り下げていったのですか?

降幡　私はCSのアニメ専門チャンネルでずっと昔のアニメを観ていて。掘り下げるようになったのは、上京して自分のお金を趣味に使えるようになったのが大きいですかね。80'sの音楽も最初はおしゃれの一環で聴いていたところは正直あったんですけど、あのころの音色が好きだし、良いものは時代が変わっても良いんですよね。

レイジ　降幡さんがそういうセンスの持ち主なんでしょうね。オレらが学生のころはサブスクもなくてYouTubeも黎明期だったから、昔を知るには音楽雑誌のバックナンバーと

オカモトレイジ Reiji Okamoto 1991年生まれ、東京都出身。4人組ロックバンド OKAMOTO'S のドラムス担当。最新アルバム『KNO WHERE』が発売中

か、西新宿の中古盤屋でDVDを買ったりしていましたよ。

降幡 そんなに年齢も離れていないですよね？

レイジ ですね。ちなみにオレはあまり年代でカルチャーを括っていなくて、たとえばロックの魅力って、音色とか技術とか、いくらお金がかかっているかじゃないと思っていて。でも80年代は、ゴージャスな音楽も、ヒップホップみたいに工夫でなんとかしている音楽も両方あった時代かもしれない。

——新たなカルチャーを知るために、アンテナを張っているところはありますか？

レイジ アンテナを張っていても、ザッピング的に広く浅く知っているのは意味がないと思っていて。本当に興味があるものだけ、ちゃんと自分の言葉で語れるようになっておきたい。だから、好きになったものはなるべく現場に飛び込むようにしていますね。気になった海外のラッパーがいたら、翻訳アプリを駆使してDMして。そしたら結構な確率で返ってくるし。

降幡 すごい（笑）。いま、韓国やタイでシティ・ポップとかいろんなサウンドをやっている人に興味があるので、やってみようかな……。でも、ネットは怖い話も聞くし、そういう都会じみた行動に踏み切れない（笑）。

レイジ 確かに自分は運が良いとは思いますね。最近はTwitterのスペースが楽しくて、たまたま若い子たちが「レイジ来ないかな」と言ってるスペースを見つけて参加したり（笑）。

降幡 えぇー（笑）！ 私はもう自分よりも若い子ってだけでドギマギしちゃう（笑）。でも、そうやって知らない世界に飛び込むことの大切さはよくわかります。

——飛び込む勇気が功を奏したことが？

降幡 あります。私はもともと、嫌いと感じるものにあえて飛び込んだ結果、それが大好きになるタイプなんです。歌詞を書くときも、嫌なことがあったほうが浮かびやすい。違和感を消化していくというか。

レイジ 俺は逆ですね。ネガティブなことを考えることはあまりないし、自分の現状や感情に関係なく音楽を作っているから。作る過程がなによりも楽しい。

降幡 なるほど。……会うのは2回目ですけど、レイジさんとはカルチャーや創作の向き合い方が違うなって思いました。「わかります！」って共感するところがなくて……（笑）。

レイジ （笑）。でも、それは降幡さんにちゃんとポリシーがあるからだと思いますよ。自分に自信があるし、それは全然悪いことじゃない。

降幡 ただ、興味のある人には思い切ってDMをしてみようかとは思いました。

レイジ ミスんないようにね！

降幡 はい（笑）、気をつけます！

愛とレイジは正反対？

レイジ 80年代とか岡村ちゃん以外で降幡さんが好きなものってなにかあるんですか？

降幡 今だとK-POPですかね。以前、レイジさんとふたりでやらせてもらった配信でもASTRO（6人組ボーイズアイドルグループ）の話をちらっとしたと思うんですけど。K-POP、やっぱりカッコ良いですよね。

レイジ 確かにK-POPも、今は80年代っぽいサウンドがすごく多いですもんね。

降幡 最近は特にそうかもしれない。

レイジ 昨日リリースされたKEYくんの「Bad Love」っていう曲も、めちゃ80年代っぽかった。

降幡 KEYくん？

レイジ SHINeeっていうグループのメンバーで、彼のソロ曲。

降幡 グループアイドルのソロ曲まで押さえてるんですか!?

レイジ リリースされれば音源は聴くし、MVは観ますね。

降幡 すごいです……。そうやって掘り下げていくんですね。

レイジ でも、降幡さんだってカメラ好きなんですよね。カメラ雑誌で連載持ってたぐらいカメラ好きなんですよね。いろいろ好きなものが多そうじゃないですか。

降幡 ハマるモノは多いかもしれないです。収集癖もあるので。ありがたいことに、興味があるものに対して、「興味があります！」と周囲の人たちに伝えたら、その道のすごい人を紹介してくれて、教えてもらっている感じですね。カメラもプロの方に教えてもらっていましたし、音楽もJ-POPを作ってきたレジェンドである本間

(昭光)さんにプロデュースをやってもらっていて。この前も、Billboardのライブで江口信夫さんにドラムを叩いてもらったんです。角松敏生さんや杏里さんのツアーサポートやレコーディングに参加されているすごい方で、私としてはもう杏里さんになった気持ちで歌いました(笑)。本当に良い環境でやらせてもらえています。

レイジ 真逆だと思うのが、付き合っている人たちが年上ですよね。俺がつるんでいるヤツらは20歳前後が多いから、それはそれで問題だと思っているけれど(笑)。

降幡 話は合うんですか?

レイジ 話は合うし、20歳くらいの子たちのほうが面白い。別に年齢で判断しているわけじゃないけど、たまたま俺が気になってカッコいいなって思う子たちやバンドって、20歳ぐらいが多い。

降幡 なるほど。私は若い子のほうが何を話していいかわからなくなりそう。好きなものが一緒だったら、もちろん話は合うと思うんですけど、ちょっとドギマギしちゃうかな。ホント、正反対ですよね(笑)。

降幡愛のロマンティックが足りてない!?
1stシングル「ハネムーン」リリース記念インタビュー

アーティストデビュー1周年を記念するシングル「ハネムーン」をリリースした降幡愛。精力的なリリースと、80'sサウンドへの憧憬を惜しげもなく詰め込んだサウンドとボーカルからは、単なる〝企画モノ〟とは一線を画す本気度の高さが窺える。降幡愛が令和の時代に放つ、ちょっぴりラグジュアリーでイケナイ世界に迫る。

「Purple One Star の第1弾アーティストとしてデビューしないか」とお話をいただいたときに、「え、私が？」って思ったのが正直なところなんです。声優になるために業界に入ってきたので、ソロデビューするイメージが最初は湧かなくて。でも、せっかくデビューするなら、声優としての色――私だったら『ラブライブ！サンシャイン!!』の色――を引き継いだ形ではなく、好きなことをしようと思ったんです。昔から好きだった80'sのサウンドで、決してイロモノではない、〝本気〟のプロジェクトにしようと。

デビューで一番苦労したのは、ひとりのアーティストとしてステージで魅せるやり方ですね。特に歌声に関しては、デビュー作のプリプロ（編註：REC前のデモ音源作業）の時、どうしてもキャラクターソングとしてしか歌えなくて、作業が中断になったこともありました。そこから人生で初めてボイトレに行って、地声で歌うことにトライしたんです。レーベル第1弾アーティストという重圧や不安もありましたけど、自分は貴重なことをしている、超うれしい！っていう気持ちがあったので楽しめましたね。それもあって、ソロデビューしてからは、今までとはまったく違う感覚で1年過ごしたなと思います。

歌詞はすべて自分で担当しているのですが、コンセプトとして色っぽい、自分の中の憧れの女性像を主人公にした物語を書いています。ドラマやアニメで描かれていた、80'sの女性の感性や感覚を採り入れていますね。あのころの女性って、恋愛においても大人の遊びや駆け引きが得意で、そのしたたかさや余裕が魅力的に映るんです。「みんなで頑張ろう」みたいな共感のメッセージは全然なくて、ひとつの物語、作品としてその世界観を受け取ってほしい。私はその中で〝演じたい〟という思いが強いですね。

プロデューサーである本間（昭光）さんとの打ち合わせは、この1年でどんどん短くなってきました。80'sといっても、私はアイドルポップスより松原みきさんや、90年代初頭のWinkに代表される、洋楽っぽいテイストのサウンドが好きなんです。今では私の詞を見ると、その瞬間に本間さんの中でメロディやサウンドのイメージができるらしいので、意図をかなり汲んでいただけているなと感じています。

活動でこだわっているものとしては、アートワークがあります。デビュー作でも、自分の顔写真を入れず、イラストのジャケットにしました。私自身、ジャケ買いをする人間なので、声優という先入観なくパッケージを手に取ってもらいたい気持ちがあるんです。今はデータでいくらでも楽曲は聴ける時代なので、逆にアートワークは特別なものにしたい。今はレコードブームですけど、いつかCDブームが来たときに、「おっ」と手に取ってもらえるような、そんな長い目で考えています。

初のシングルとなる「ハネムーン」は、自分でも何度も聴いている自信作です。結婚がテーマになったのは偶然に近いもので、最初にできた「シークレットシュガー」が、レーベルスタッフの結婚を祝うためにみんなで作った曲なんです。それと前後してシングルを制作する話が出てきて、ソロアーティストとしてのテーマである「月」からの連想でHoney Moon＝ハネムーンがいいじゃんとなり、「真夜中のフライト」も、新婚旅行って飛行機に乗るよねと、結婚の物語っぽくなりました。セカンドライブツアーは空港をモチーフにしていて、シングルからつながるロマンティックな世界がお届けできるんじゃないかなと思います。

ほかの声優さんの活動から見れば、突飛なことをしている自覚はあります。でも、そんな私の活動を見てもらうことで、自分で作っている壁を取り払ったり、今よりも上昇したりする力になればいいなと思っていますね。

ガス乾燥機
AQU
GAS DRYER
8kg
最初に…ドラムリフレ
① 洗濯物を入れる
② 硬貨を入れる
GAS DRYER
8kg
最初に…ドラムリフレッシ
① 洗濯物を入れる
② 硬貨を入れる
コースを選べます
適量ライン

AMC

降幡愛のロマンティックが足りてない!?

ゲスト NOSTALOOK 第2回

声優、歌手の降幡愛が、いろんなジャンルのゲストを招いて好きなカルチャーへの向き合い方を掘り下げる連載。第2回目のゲスト・NOSTALOOKは、今や懐かしいセル画時代のアニメーションを制作している匿名のアニメーター集団。それ以外情報が出ていないくらい手がかりのないゲストに、降幡が根掘り葉掘り切り込んでいく。

――前回の対談でオカモトレイジさんに教わった「気になった人には直接連絡しよう」というアドバイスが実を結んだそうですね。

降幡　そうなんです！　NOSTALOOKさんが手がけられたデュア・リパちゃんの「Levitating」のMVにすごく惹かれて。80年代当時に流れていてもおかしくない、絵柄のあったかい感じが特に衝撃的で。ネットで情報を得ようとしたのですがなにも出てこなくて、思い切ってTwitterでDMをお送りしたんです。

NOSTA　まさか直接連絡がいただけるとは思っていなかったので、最初は偽物なのでは……と思いました（笑）。

降幡　（笑）。だから、今回は知りたいことばかりなんです。そもそもどういうプロジェクトなんですか？

NOSTA　もともとレトロなものが好きな人たちが集まったチームで。最近、TikTokやInstagramで、レトロなものが〝エモい〟と言われていて、若者に人気がある現状をうれしく思っていたのもあり、「自分たちで70～90年代のアニメを再現しよう」と立ち上げたのがNOSTALOOKなんです。

降幡　なるほど。

NOSTA　最初にはじめたのは、80年代風のかわいいグッズを作ることでした。そのきっかけとして、まず『ロマンティックアンモナイト』という架空のアニメタイトルを生み出しました。「絶対かわいいよこのアニメ！　最終回、絶対泣くやつだよ！」と盛り上がり、そこから内容を膨らませていって。

――架空のアニメタイトルを作るところから。

NOSTA　そうなんです。設定としては、80年代に原作のマンガが存在していて、アニメの制作は80年代後半にスタート、公開自体は90年代初頭、というイメージです（笑）。

降幡　キティ・フィルムやスタジオぴえろで制作されていそう（笑）。ちなみに、90年代の作品のどういったところが好きなんですか？

NOSTA　私たちは全員90年代生まれなのですが、小さいころは『美少女戦士セーラームーン』など、セルアニメに夢中でした。一方で、アニメ業界は90年代後半からデジタルへ移行する過渡期で、その移り変わりとともに私たちも成長してきたので、子供のころに観てきたセルアニメへの懐かしさや愛情が本能的にあるのかなと思います。

架空のアニメーション作品『ロマンティックアンモナイト』のグッズたち。まるで当時実際に発売されていたかのような空気感をまとっている

降幡　わかります！　私も80年代や90年代前半のセルアニメが好きなんですけど、TVシリーズだと各話で絵のテイストが違うのが良いんですよね。そういうキレイすぎない、人の手が感じられるものに惹かれるんです。それが〝エモい〟。

NOSTA　アニメってその時代を反映するものだと思いますし、80年代のバブルの影響が色濃く出ているのも新鮮に思えるんです。

降幡　そうなんですよね。新鮮だし、女の子はそうしたレトロなものをかわいいと思う人が多いと思います。私もNOSTALOOKさんも、そういう表現を突き詰めてやろうとしている同志のような気がします。今回のデュア・リパちゃんからの依頼はどのような経緯だったんですか？

NOSTA　SNSでグッズやオリジナルアニメーションを観たというレコード会社の担当さんから「日本向けのプロモーション・ビデオを制作してほしい」という依頼がありました。当初は日本限定だったのですが、公開直前に世界配信が決まって。

降幡　それだけクオリティが高かったということですよね。ご本人からリアクションはありましたか？

NOSTA　公開後に、ご本人のSNSで取り上げてくださいました。レコード会社の人からも、「とても喜んでいて、盛り上がっているよ」という連絡はいただきました。

降幡　めっちゃクールじゃないですか！　ちなみに製作期間はどれくらいなんですか？

NOSTA　2カ月半ですね。特殊なワークフローでやっているので、もしかすると普通のアニメ制作会社では難しいスケジュールなのかもしれません。

——もし一緒にアニメを作るならどういう内容にしますか？

降幡　うーん、デュア・リパちゃんのギャラクシーなテイストも良いですし……『美味しんぼ』や『シティハンター』みたいな、恋愛模様もある大人向けの作品も観てみたいです。

NOSTA　あ、『美味しんぼ』は最近、全話観ました（笑）。

降幡　全話！（笑）　あとは、サントリーのCMに出ていたパピプペンギンズや『魔法の天使クリィミーマミ』の猫（ネガ&ポジ）みたいなキャラで一本とか。

NOSTA　ああいうチビッこいキャラクターって、80～90年代特有ですよね。帰ったらすぐに会議して、取り掛かりたいです（笑）。映像になったときにはぜひ、降幡さんに声を当ててもらいたいですし、MVも制作できたらうれしいです。

降幡　もちろんです。ぜひ実現したいのでこのやり取りは絶対に書いてください！（笑）

令和の時代に伝わる手仕事の愛おしさ

NOSTA メンバーはみんな、80〜90年代のアニメだけじゃなくて、昔、流行っていたアニソンとかも好きですね。ほかにも、沢田研二さんや、石川さゆりさんを聴いているメンバーもいます。

降幡 なるほど、昭和レトロがみなさんお好きなんですね。同年代でそういうお話ができる人たちが集まっているのは単純に羨ましいです。私も、地元の長野には昔のアニメについて語ることができるオタク仲間がいるものの、東京の声優専門学校に通っていたころの友達は、どちらかと言えば新しいアニメについて語ることが多かったんです。なので、私もNOSTALOOKのメンバーに入って良いですか（笑）？

NOSTA もちろん、いつでも入ってください（笑）。

降幡 うれしい！（笑） 私がやっぱり良いなと思うのは、NOSTALOOKさんたちは、ちゃんと当時のものをリスペクトされているからこその表現じゃないですか。しかも、立ち上げから考えるとスピード感もすごいですよね。結成されてからデュア・リパさんのMVが出るまで、ダダダって勢いがある感じで。

NOSTA そこはコロナ禍だったことも影響が大きいですね。あまりうれしい話題もない時期で、だったら自分たちからやりたい仕事を発信していったほうが良いかなと思いました。ちなみに、降幡さんが80年代をメインでやっていくきっかけって何だったんですか？

隆幡　結局、みなさんと同じで好きだっていうことに気づいたんですよね。レコードを収集していたり、カメラが好きだったりと、アナログなものへの愛情が最終的に今のソロ活動に行き着いたというか。あのころのテイストを、令和の時代にやるのも面白いかも、と思ったんです。NOSTALOOKさんの制作も、アナログで作業されている部分はあるんですか？

NOSTA　基本はデジタルですね。昔のやり方を教えてもらうこともあるのですが、手仕事だとあまりに大変すぎるので。だからこそ、昔作られたものが愛おしいと感じるのかもしれません。

隆幡　そうですよね。昭和の、無理のある環境で作ったモノだからこそその愛おしさはあると思いますし、若い人たちからすれば、それが「新しい」という反応につながるかもしれないですね。例えば、少しの休みもない週刊連載漫画とかも（笑）。でも、そういうものにリスペクトを忘れずにやっていくことが大事かなと思っています。

NOSTA　そうですね。私たちも、自分たちのやりたいタイトルやテイストはまだ出し切っていないので、そういうのをまず出し切っていこうと思います。

降幡愛のロマンティックが足りてない!?

ゲスト Night Tempo 第3回

声優・歌手の降幡愛がゲストを迎え、カルチャーをロマンティックに掘り下げていく連載の3回目。今回は海外でのジャパニーズ・ポップスブームを牽引した韓国のDJ、サウンドプロデューサーのNight Tempoが登場！ 時節柄、リモートでの対談となったが、終盤、Night Tempoの驚きの提案に、降幡がエキサイティング！ その一部始終をお届けします。

降幡 Night Tempoさんのことは、2、3年前にInstagramで知りました。投稿がすごく素敵で。

NT 僕は日本のアニメをよく観るのですが、降幡さんも観ていたアニメに参加されていました。『ラブライブ！サンシャイン!!』の黒澤ルビィ。

降幡 はっ！ 知ってくださってるんですね。なんか、ヘンな汗が出てきました（笑）。

NT 職業柄、人の声に注目するのですが、降幡さんは好きな声質の方なので、対談の依頼があってうれしかったです。

――音源は聴かれましたか？

NT 「CITY」を聴きました。少し前のザ・ウィークエンドや、欧米の80'sサウンドに近いなと思いました。

降幡 「CITY」は初めて詞を書いたデビュー曲なんですけど、WinkやC－C－Bのような80年代後半～90年代前半のシティ・ポップを作りたいとプロデューサーの本間(昭光)さんにお願いしてできた曲なんです。Night Tempoさんは、日本の80年代サウンドのどこに惹かれたんですか？

NT 特に聴いているのは、85年の末頃から94年くらいまでの楽曲です。85年くらいから、演奏機材がアナログからデジタルに移行していきます。それまでは、松田聖子さんや中山美穂さんといったアイドルの楽曲にも生のストリングスが入ったり、ディスコやビッグバンドっぽいサウンドだったのが、ヤマハのシンセが使われたりして、コンパクトになっていく。イントロクイズの時代から急激に変わっていくその流れが面白いですね。

降幡 シンセやドラムのデジタルっぽい音とか、時代の最先端を目指そうと力を入れていた感じは私も好き

Night Tempo　韓国出身のDJ、プロデュー[illegible]、菊池桃子、小泉今日子などこれまで数々のアーティストの往年の名曲たちをリエディットしてきた。日本のシティポップを厳選、解説したディスクガイド『JapaneseCity Pop 100, selected by [illegible]』が発売中

です。でも、Night Tempoさんが素晴らしいと思うのは、当時の楽曲をリミックスして発信されていることで。オリジナルへのリスペクトがありつつ、自分の〝音〟になっていますよね。平成生まれの私が令和にシティ・ポップを歌う意味も、そういうところにあると思っています。

NT　自分のこだわりもあるけれど、若い人が聴きやすいものにすることは大切にしています。当時のままだと、サウンドが〝固い〟。たとえば、クラブや服屋で原曲が流れると景色がセピアになって、ノスタルジーを感じるだけになってしまう。そこに自分のテイストを足すことで、今の人にもビビットに、オシャレに聴こえる。それをするのが自分の仕事ですね。

降幡　なるほど。私はNight Tempoさん発信で松原みきさんの良さを知りましたし、私たちの世代や若者にも刺さる感覚を持ってらっしゃるんだと思います。

――日本の音楽はどのようにディグしていますか？

NT　ひとつの曲を調べれば、歌手、作詞家、作曲家、編曲家、プロデューサーがわかります。そこから辿っていけば、シティ・ポップも、AORも歌謡曲もひとつにつながるイメージです。たとえば――（小泉今日子のアルバム『今日子の清く楽しく美しく』のカセットテープを開けながら）ここに歌詞の紙があります。スタッフクレジットを読むと、作曲に久保田利伸さんを発見して「マジか？」ってなったり。だから、歌詞の紙が入ってなかったら買わない。

降幡　わかります（笑）！　私は菊池桃子さんが好きなんですけど、アルバムの中で好きな曲は、クレジットを見るとだいたい林哲司さんとか（笑）。そういう発見があるので、歌詞カードは欲しいですね。

――昨年は竹内まりやの「Plastic Love」がアナログで再販されるに至り、ひとつのピークを迎えた感があります。

NT　「Plastic Love」や「真夜中のドア」は現場では4、5年前に流行っていたので、まだブームが続いているという感じですね。

降幡　ちなみに今、Night Tempoさんが聴いている音楽、気になります！

NT　90年代中盤のガールズ・ヒップホップやR&B、例えば宇多田ヒカルさんの昔のアルバムとか、BONNIE PINKさんの1st、2ndとかはすごく良いですね。最近は自分でも曲を書いているので、そのあたりのサウンドをトレースしながら、音楽だけではなくビデオやビジュアルも含めてひとつのパッケージとして作りたいと思っています。それもあって、最近は表に出て活動しているのですが――今回もこうして対談できたので、降幡さんと近いうちにコラボしたいです。

降幡　え！　聞きましたか、みなさん（笑）！

NT　降幡さんになら、すぐ曲が浮かびます。

降幡　これはちょっとやばいですね！　それこそNight Tempoさんに DJをしてもらって、海外を一緒にまわることができたらと思い描いていたので。ほんと、今回は直接お会いできなくて残念です！

NT　でもこうやってお話できましたし、一緒に曲を作りましょうって言えたので問題ないです！

80〜90年代の実写映画にあるロマン

――今、リモートの画面に映っているNight Tempoさんの部屋にはセーラームーンが飾られていますね。日本のアニメーションもお好きなのでしょうか？

NT　90年代のアニメーションも好きですし、実写映画も大好きで、VHSで観ています。最近、久々に見直してすごく良いなと思ったのは、『Shall we ダンス？』（周防正行監督、96年）。10年ぶりくらいに観たのですが、もう日本のバブルは崩壊していたけれど、一般人の生活はそんなに変わってなかったでしょうし、映画産業や音楽産業はまだまだ勢いがあったころの映画ですよね。題材的には派手ではないかもしれないですけど、一つひとつが贅沢で、豊かな時代だったのを感じます。

降幡　90年代はまだそうですよね。私は80年代に放送されていた『うる星やつら』とか、高橋留美子先生の作品が好きなんですけど、あの時代のアニメや実写映画って豊かだったのは感じます。しかも、それが今、一周してきているじゃないですか。『うる星やつら』も、この寅年に2022年版が新たに制作されるんですよね。復刻のアニメがここ2〜3年増えてきたのは、興味深い現象だと思います。

NT　おそらく、そういう作品は、10年前だったら単に"懐かしい"で終わっていたんですよ。でも今はそれが若い人たちにとってオシャレとして感じられるものになっている。それがもっとも変わったところだと思いますし、価値がすごく上がってきているということだと思います。

降幡 確かに。だから本当に、そういうオシャレさを伝えてくれるNight Tempoさんの活動はあっぱれですよ（笑）。私も将来的に、Night Tempoさんに DJとして参加してもらって、海外の公演とかができればという夢はずっとあるんです。自分がこれまでに制作してきた楽曲もリアレンジしてもらったら、また新鮮な感じがするんじゃないかなと。

NT ぜひやりましょう。今度お会いするときは、日本のその時代の音楽や映画、降幡さんにもいっぱい紹介したいです。

降幡 私からも、岡村靖幸さんの『Peach どんなことをしてほしいのぼくに』（90年）はぜひ観てほしいです。岡村ちゃん、知っていますか？

NT はい。映画も観ました。

降幡 えぇ〜！ すごい（笑）。

NT あのころの日本で最高の映画は、『愛、旅立ち』（85年）ですね。あれを超える映画はないのではないでしょうか。最後、完全にサイケデリックになって終わります。

降幡 マッチさんと明菜ちゃんが主演なんですね。なるほど、プライベートでのふたりの関係を知っていると胸が痛いですね……（苦笑）。

interlude 第4回

カルチャー大好きな声優歌手・降幡愛が、各界のゲストを招いてさまざまなジャンルのカルチャーを深掘りする連載『降幡愛のロマンティックが足りてない?』。第4回は、これまでの連載を振り返るソロインタビュー。ゲストとのその後の交流や、実際に行われたコラボレートについて伺った。また、80's愛がとめどなくあふれる1stカバーミニアルバム『Memories of Romance in Summer』の魅力や、その制作過程についても掘り下げた。

第1回ゲスト オカモトレイジ（OKAMOTO'S）

――今回は、今までの連載を振り返っていきたいと思います。

降幡　第1回目のレイジさんは自分とは真逆なタイプというか、自分が意識を向けていなかった世界から「僕はこうだよ」と伝えてくれる人だったので、対談というよりは教えを請う感じでした。実際、あの対談からSNSの活用の仕方を変えたんです。それまで発信だけすれば良いと思っていたのですが、交流の場として使うようになりました。そこからNOSTALOOKさんともご縁ができて。この連載をはじめてから、自分でこれまで動けなかったところでも一歩踏み出せている感じがします。それまではコロナ禍を言い訳にしていた部分もあったのですが、「もしかしたら、会わなくてもいろいろできちゃう?」と切り替えられたところもあります。

第2回ゲスト NOSTALOOK

――今回のカバーミニアルバムのジャケットのイラストは、連載2回目に出演されたNOSTAOOKさんです。

降幡　対談のあともやり取りしていて、それがアルバムのジャケットアートにもつながりました。NOSTALOOKさんチームは、私と同世代なので、これからもっと仲良くなっていきたいですね。趣味の話とか1日中するような関係性に（笑）。

——ジャケットのテイストもまさに80's の要素が詰め込まれていて素晴らしいですね。

降幡　改めてすごいなと思いましたね。私が歌ったカバー曲に合わせて、背景や小物、レイアウトもすごく考え抜かれて描いてくださって。

——連載で得られるものは大きいと思いますか?

降幡　会いたい人に会えるという面でまず大きいです（笑）。でも、声優のフィールドとはまた異なる分野の方が多いので、そのふたつが融合したときが面白いですね。連載と直接関係はないですけど、ソロアーティストのプロデューサーである本間（昭光）さんは、最近は『ラブライブ！』シリーズにも楽曲提供してくださっていて、その交流によって新しいものが生まれているのはうれしいです。

第3回ゲスト
Night Tempo

——前回のゲストはNight Tempoさんでしたが、降幡さんはファンということで、テンションが上がっていましたね。

降幡　いやー、取材じゃなかったらもっとギャーギャー言っていたと思います（笑）。今もやり取りは続けているのですが、「これを食べました」とか「ここに行きました」とか他愛のない会話をしつつ、Night Tempoさんのコレクションも写真で見せてもらいました。あと、お互いフィルムカメラが好きなので、その話もしていますね。今後はコラボもできたらいいなあ。

『Memories of Romance in Summer』インタビュー

自分のスタイルを貫いて 新たな引き出しが増えた

――27日に発売される『Memories of Romance in Summer』は、80's のシティ・ポップをリアレンジしたカバー集です。

降幡　ソロとしてデビューしてから1年以上経ちましたし、個人的にもカバー集にはチャレンジしたかったのもあって、ここが良いタイミングかなと。ライブでもカバー曲を披露しているのですが、お客さんが原曲を買ってくださったり、CD化をリクエストしてくださったりすることも多くあったんです。

――夏をコンセプトにしているとは思いますが、楽曲のセレクトはどのように進められたのでしょうか?

降幡　80年代に青春を過ごしてきたスタッフがいるので、「僕はこれが良い」、「私はこれが」と、いろんな意見が（笑）。でも、その熱量がすごくうれしかったです。その中でも、和田加奈子さんの「夏のミラージュ」や中原めいこさんの「君たちキウイ・パパイア・マンゴーだね。」は、おふたりがアニメの主題歌を歌っているのもあって私がピックアップしました。「RIDE ON TIME」みたいに、シティ・ポップと言えばみたいなものは必要だと思いましたし、中山美穂さんの「You're My Only Shinin'Star」は先日のスペシャルライブ「Ai Furihata "Trip to STAR"」でも披露していた曲です。結果的にバラエティに富んだ6曲になったかなと思います。

――ソロでのボーカルスタイルもこれまで追求してきたかと思いますが、今回のアルバムでその進歩や成長を感じたりしましたか?

降幡　全曲、本間さんがアレンジしてくださっているので、どこか自分の楽曲として捉えることができました。ただ、山下達郎さんや1986オメガトライブなど、男性の曲を歌うのはこれまで自分の引き出しにはなかったので、真似にはならないように気をつけました。達郎さんであれば、その特徴的な歌い方や抑揚を逆に削ぎ落として、降幡愛としてのスタイルで突き通していて。淡白にも聴こえてしまうかもしれませんが、それでもスッと耳に入っていくような歌になればと思いました。和田さんの「夏のミラージュ」は、逆に自分の音域とピッタリ合う曲で、これは驚きでした。

――洋楽テイストが強い楽曲ですよね。

降幡　本間さんも「『夏のミラージュ』はおそらくピアノで作曲している」と言っていたのですが、譜割りも少し変わっていて、半音下がるメロディが多くあったり、歌としては非常に難しかったです。C-C-Bの「Lucky Chanceをもう一度」も、自分が歌うとキャラクターソングっぽくなってしまうところがありました。息継ぎも難しくて……でも、歌いなれてきたらすごく楽しいし、ライブ映えするし、より楽曲を好きになりましたね。改めてアーティストさんたちのすごさを思い知りました。

――ソロでのライブも精力的に行っていますが、お客さんの反応も変わってきたところはありますか?

降幡　そうですね、私のソロを見てから『ラブライブ!』を知り、ライブに来てくださる方もけっこういらっしゃって、それは予想していませんでした。（黒澤ルビィのソロ曲）「コットンキャンディえいえいおー!」を聴いて良かった、という感想をいただいたり。「このメンバーのこの音色が良かった」というように音楽的な視点で聴いてくださるファンもいて、そこはすごくうれしいところです。

――今後の方向性としては、より80'sを掘り下げていくのか、もしくはジャンルを広げていくのか、どちらをイメージしていますか?

降幡　今はジャンルを広げていくことを意識していますね。これまで本間さんという当時のレジェンドと直球の80'sサウンドを作ってきたので、その上で、NOSTALOOKさんとか、Night Tempoさんとか、80's音楽への愛から表現を広げている同世代の人たちとも交流を深めつつ、新たなサウンドを生み出していきたいです。好きなことだけやる、という軸はぶらさずに、今興味あることをそこに落とし込めるようになりたいですね。

降幡愛のロマンティックが足りてない!?

ゲスト 浅野ナナ

第5回

声優・降幡愛がカルチャーの掘り下げ方を学ぶ本連載。今回のゲストはSNSに昭和当時のカルチャーを紹介し、ファション等で体現している20代、浅野ナナさん。昭和アイドルのファンとしてもTV出演している彼女は、大学の卒論のテーマが「トレンディドラマと当時の若者の動向」だったという筋金入り。そんな浅野さんに、同世代の降幡が迫る!

降幡　私がはじめて浅野さんを知ったのはTV番組で。

浅野　『マッコの知らない世界』ですね。

降幡　そこからInstagramを見ていたら浅野さんのアカウントが出てきて、「あのときのTVに出ていた人だ!」と。そもそも、昭和の文化にハマるのはなにがきっかけだったんですか?

浅野　私が小学6年生のときにアニメの『うる星やつら』が再放送されていて、そこでまず昔のアニメが好きになりました。決定打となったのは、中学生の頃に中森明菜さんを知ったことですね。「自分が好きなものって、全部昭和のものだ」と気付いて、掘り下げていった感じでした。

降幡　明菜ちゃんはどこから知ったんですか?

浅野　『ピカルの定理』ですね。当時、バラエティ番組で明菜ちゃんとか、歌謡曲がよく使われていたんですよ。

――バブルファッションをやりはじめるのはもう少し後ですか?

浅野　大学生になってからです。歳の近い友達と、「ディスコに行ってみない?」と盛り上がって、せっかく行くなら当時の服を着ようと、本格的に探すようになりました。主にメルカリで買っていて、「バブル」とか「肩パット」で検索してます(笑)。母の昔の写真を見ると、当時のかわいい服を着ていて羨ましくなります。もう捨てちゃっているんですよね。

降幡　まさか娘が着たい、と言うとは思ってなかったからでしょうね(笑)。私も昔から80年代のファッションには興味があって、長野から上京してお金がなかったとき、下北沢で安い古着を買っていたんです。派手な80'sのアクセサリー、意味のわからない柄物のワンピースなんかもそこで手に入れていました。

浅野ナナ Nana Asano　80's カルチャー愛好家＆体現家。Twitter: @7_asano_　Instagram: 7_[illegible]

浅野　私が情報源にしているのは、当時の雑誌ですね。雑誌を読んでいると、「この中に入りたい」という気持ちが強くなるんですよ。もうひとつ雑誌を読むのには理由があって、今TVで特集されるのは、バブルの中でも目立つ部分なんですよね。雑誌はスナップもあって、リアル。今日の服装も、時代で言えば1988年のスタイルで。そういう時代設定にはこだわっています。

降幡　ちなみにどんな雑誌を集めているんですか？

浅野　一番好きなのは、80年代後半の『JJ』ですね。集めている人が多くて、高騰してます（笑）。

降幡　当時のファッションや音楽って、みんなギラギラしてますよね。私はスケバンとかヤンキーみたいな不良文化の世界にもちょっと憧れがあります。

浅野　昭和の硬派な感じって、現代にはないですよね。女性も強くあろうとしていて、華やかで。あの時代に行ってみたいですけど、実際に行ったらモラハラセクハラがすごそうだし、今の時代に楽しむのが一番良いのかなと思います（笑）。

――降幡さんのカバーアルバムは聴かれましたか？

浅野　降幡さんのことを知ったのは、まさに「君たちキウイ・パパイア・マンゴーだね。」のMusic Videoなんです。

降幡　おっ、うれしい〜。

浅野　基本的にカバーって聴かないんですけど、降幡さんのものは本当にこだわって、好きでやっているのが伝わってきました。同じ世代で、そういう人がちゃんといるんだと知れてうれしかったですね。

降幡　これまで80'sのシティ・ポップをコンセプトにしたオリジナル曲で勝負してきたので、ここに来てカバーをやるとイロモノな感じが出てしまうかもと悩んだところもあったんです。それが、NOSTALOOK（第2回ゲスト）さんのアニメーションMusic Videoもあって予想以上に受け入れられたので、良かったです。

浅野　降幡さんもカバーされていたオメガトライブ、私も大好きなんです。

降幡　私もです！　今回のカバーでも、あのころのリバーブ感をいかに出すかは考えました。

――浅野さんはこれからどういう活動をしていきたいですか？

浅野　リアルな昭和文化の良さを伝えていきたいですね。特にバブル期。よくあるギャグ的なイメージ像ではなく、本当にかっこよくてお洒落な部分をもっと世に知らしめたいので、SNSでの情報発信に力を入れたいです！　もうひとつ、私は80年代前半のローラー族という文化にも憧れがあって。元々キャロルやクールスをよく聴いてたんですが、ローラー族はそういう音楽をバックにツイストを踊るんです。女の子はポニーテールにリボン、男の子はリーゼントで決めて。それを現代でやっている年の近いチームがあるのですが、今、私はそこに所属していて。

降幡　え、そうなんですか！

浅野　バブルとはぜんぜん違う格好で踊っています。

降幡　楽しそう〜。ローラー族が今も残っているんですね。やっぱり、こうやって会って話さないとわからないことって多いですね。そういう文化に自分から積極的に触れていかなきゃと、今回も思いました！

本書オリジナル

エクストラ ロマンティック

降幡愛×浅野ナナ

憧れを当たり前として描いていた80年代

浅野 80年代後半だと、バブル期のトレンディ・ドラマはすごく好きですね。大学の卒論もトレンディ・ドラマを題材にしたくらいで。

降幡 おぉ～！ どんな卒論を提出したんですか？

浅野 〝『抱きしめたい！ I WANNA HOLD YOUR HAND』（88年）における当時の社会のあり方〟というような内容でした。当時の主人公たちの生活の描かれ方って、視聴者である若者たちの「憧れ」を、当たり前として描いていて。

降幡 なるほど。私も『東京ラブストーリー』（91年）とか王道は観ていますけど、当時の若い人たちがどういうふうに観ていたのかは確かに気になりました。今だったら、SNSとかでインフルエンサーから情報を吸収しますけど、それがなかった時代なので、TVドラマや間に挟まるCMから情報や憧れを得たりするのも当然だったんだろうなって思います。だから、雑誌がすごく力を持っていたのもわかりますね。当時の雑誌にはまだ手を出していませんけど……。

浅野 面白いのでぜひ、1回買ってみてください（笑）。

降幡 レコードも買って、服も買って、雑誌も買ってたら破産しそう……とりあえずいっぱい仕事をします（笑）。でも、当時のカルチャーって「憧れ」を生むくらいゴージャスだった、ということですよね。歌番組のセットにしても、大掛かりで、よくわからないオブジェみたいじゃないですか（笑）。

浅野 そうですよね（笑）。

降幡　しかも生放送が主流で。とんねるずさんとかもそうだけど、あの当時はなんでもやったもん勝ちというか。最近だと、唯一その文化が残っているなと思うのは、北九州の成人式。あそこにはまだ自由があると思います（笑）。

浅野　降幡さんがそういった80年代のカルチャーにハマるきっかけって、何かあったんですか？

降幡　そもそもは80年代のアニメを再放送で観ていたことなんですけど、音楽に関して言えば岡村靖幸さんなんですよ。それこそ「イケナイコトカイ」っていうバラードは、88年の曲なのに、すっごくキラキラしていて。そこから、自分が生きていないころの音楽ってどんなのだったんだろうと掘り下げていったら、私の肌感に合っていたんです。それは、80〜90年代のアニソンに感じた耳障りの良さと同じなんですよね。

浅野　岡村ちゃん、『シティハンター2』のエンディング（※「Super Girl」）を歌っていましたもんね。私が好きな明菜ちゃんもそうですけど、あの時代だから生まれたものでも、時代に流されない不変のかっこよさってありますよね。だから今でも愛されるんだと思います。

降幡愛のロマンティックが足りてない!?

ゲスト 宇多丸

第6回

今回の「ロマンティックが足りてない!?」は、降幡愛が以前から出演を熱望していた『アフター6ジャンクション』（TBSラジオ）とのコラボレーションが実現！ 7月18日のラジオ生放送内では、80年代サウンドへの愛を語る降幡と、『BUBKA』での連載「マブ論」で降幡のソロ楽曲を推してきた宇多丸が、がっぷり四つのカルチャートークを展開。ラジオ生放送終了後に行われた本対談でも、ふたりの熱はとどまることなく、そのまま夜がネオンサインに溶けていくよう――。

宇多丸　ラジオで話していても思いましたが、降幡さんは好きなものへの掘り下げ方が知的ですよね。たとえばソロ活動でも、歌い方を曲ごとに変えていて、湿り気が必要なときは湿り気があるし、プラスチックに歌ったほうが良いときはそうしている。楽曲のコンセプトを解釈して再構築する、サンプリング的なセンスに長けているなと思います。これ、録音にも手間がかかっていますよね？

降幡　最初のころは時間がかかりましたね。もともとは役柄で歌うことが主だったので、自分の歌い方を見つけるまでは苦労しました。カバーをやりはじめてからは、モノマネにはならないように気をつけています。特に和田加奈子さんの「夏のミラージュ」は大好きな曲だったので、和田さんに近づきすぎないように。

宇多丸　「夏のミラージュ」という選曲の時点で勝っていますよ（笑）。

――降幡さんは後追い世代ですが、宇多丸さんには80'sのカルチャーはどのように映っているのでしょうか？

宇多丸　リアルタイム世代とは言いつつも、当時はティーンエイジャーだったので、意外と今の降幡さんと同じような距離感かもしれません。メディアの中でキラキラしたイメージはあったけれど、10代のときはお金もないし、別に現実的なものでは

宇多丸 Utamaru　RHYMESTER のラッパー。ラジオパーソナリティ。近著に『ライムスター宇多丸

なかった。
降幡　私と同じ距離感だったんですね。
宇多丸　ただ、資本主義的なキラキラが無条件で輝けた最後の時代ではあって、90年代にはストリート的なリアルが台頭してくる。NONA REEVES の西寺郷太くんとやっていた80年代縛りクラブイベントでも、かかる曲によっては「ダメダメ、これ90年代がはじまってる」って（笑）。
降幡　（笑）。
宇多丸　良くも悪くも「調子に乗っている」のが80年代のカルチャーだから、どの世代も憧れるのは必然なのかも。でも当時は大人じゃなかったし、ドライブ・ミュージックも流行ったけれど、僕は免許さえ持ってない。
降幡　え、意外です！
宇多丸　だから、〝遠きにありて思ふもの〟といった認識で、いまだに憧れているところはあります。
降幡　私が80's に憧れがあるのは、現代の歌ってほとんど共感重視じゃないですか。私はどこか憧れのある世界を皆さんに歌として届けたいと思っていて。リアルなものも好きなんですけど、あのころって写真にしても映像にしても過度な編集がなくて、そういう生々しさが輝いて描かれていた時代に見えるんです。
宇多丸　その話で思い出したのが、阿久悠先生の言葉。「ＪＰＯＰと歌謡曲はブログと映画くらい違う」＊と。つまり、阿久先生は、歌詞で世界を構築し直している自負があったんだと思います。僕もラッパーでありますが、世界を構築することには憧れは持っていますね。だから、降幡さんの感覚にも共感できます。

「好き」が関係をつないでいく

降幡　宇多丸さんは普段、カルチャーをどのようにインプットしているんですか？
宇多丸　『アフター6ジャンクション』は毎日3時間あるので、インプットに困ることはないですよ。以前は全部自分でなんとかしなきゃと気負っていたけど、今はなんでも知っている人にならなくて良いかなと。むしろ、適切なときに適切な人に話を聞けることが大事。
降幡　そうですよね。私、それがなかなかできなくて、知ったフリばかりです（笑）。
宇多丸　もちろん、あまりに無知をさらすと話の腰を折っちゃうときもあるから、知ったフリも必要（笑）。
――なんでも聞ける場を持つことは大事かもしれませんね。
降幡　連載の場でいろいろ聞けることがうれしいですね。それこそMVやアルバムのジャケットを手掛けてもらったNOSTALOOK さんには、いきなりTwitter のDMを送って知り合ったので。
宇多丸　DMで？　世代やなー（笑）。
――宇多丸さんはヒップホップシーンの中心にいながらアイドルを推したりしていたわけですけど、そういう〝好き〟が次につながることもありますよね？
宇多丸　それはそうだと思いますよ。（『ラブライブ！サンシャイン!!』の）黒澤ルビィちゃんのファンを大切にするのはもちろんだけど、降幡さんはここまでカルチャーへ熱い想いを抱えている人だから、別の表現軸を持っている意味は大きい。チャンネルは多く持っておいたほうが良いタイプ。
降幡　確かに、ソロがあることで活動のバランスは取れていますね。
――最後に、宇多丸さんが思う「ロマン」ってなんですか？
宇多丸　ヒップホップは発生からすごくロマンティックだと思っています。NYの荒れ果てた地域の若者が、憂さ晴らしのためにはじめたパーティーで生まれたK．U．F．U．が、世界が熱狂するムーブメントになった。古いレコードでも、DJが針を落とした瞬間に〝今〟になって、新しいビートが誕生したわけで。そういう文化の発火点にはロマンを感じますね。
降幡　最後に歌詞のようなありがたい言葉をいただきました。感激です！

＊阿久悠の発言の出典は、『通』（NHK総合／2007年7月28日放送）。半田健人との対談にて。

本書オリジナル
エクストラロマンティック
降幡愛×宇多丸

ローカルで戦える令和のロマン

降幡　80'sに影響を受けた音楽をやっていますけど、一方で令和だからできていることだとも思うんです。世界に発信できる今だから、80'sを通して海外の人たちともつながることができているので。

宇多丸　そうだね。しかもこれは意外なことでもあるけれど、世界的な文化潮流として、元の言語表現のままのほうがウケる時代になっていて、むしろそれが求められてもいる。以前だったらK－POPのアーティストたちも、日本でデビューする際には日本向けにローカライズされた楽曲を歌っていた。でも、今はK－POPらしさがあることが重要で。英語圏ですら、例えば日本のアニメ映画が原語のまま劇場公開されて大ヒットしているくらいで、特有のものを薄めなくて良いという意識がグローバルになっている。グローバルが強まるとローカルのままで戦えるのが面白い。

降幡　本当、そうですね。変に歩み寄らなくて良くなっていると思います。

宇多丸　日本の80'sシティ・ポップなんて、ものすごく洋楽の影響を受けた日本人が、頑張って英語圏風の音楽を作ろうとしたものだったのに、それが独自の魅力になっていってるわけだから。

降幡　海外の人が日本にやってきて、わざわざレコードを買っていくくらいですもんね。

宇多丸　ザ・ウィークエンドまでサンプリングしたらもう本物だよ（笑）。

降幡　そうですよね。私たちのレコーディング現場でもウィークエンドが話題になって、本間（昭光）さんが、「ねぇねぇふりさん、DM送ってよ」って言われたので

「CITY」のURLを貼りつけて送りました。今はまだ、返答待ちです（笑）。

宇多丸 ちなみに、曲の情報を調べるのはネットから？

降幡 SNSもありますけど、今はけっこうガイド本が出ているじゃないですか。アジアのポップスガイドやニューミュージックの本を買って、そこで気になったものをサブスクで聴いてみることが多いですね。

宇多丸 ストリーミング・サービスにはないのもたくさんあるよね。

降幡 はい。もどかしいです。盤もなかったりするので。

宇多丸 そういうもどかしさを知るのは大事で。ネットにすべての情報があるわけじゃないというのは肝に命じておくべきですよね。

降幡 そうなんですよね。歌詞とかも、配信で観たものはめちゃくちゃだったりするし、自分で聴いて良かったものは、直接モノで欲しくなります。

宇多丸 でも、そうやって掘っていくのは楽しいでしょう？ 自分が本当に好きなものがわかってくる。

降幡 確かに、私のYouTubeの関連動画欄は、いつのまにか林哲司さんの楽曲しか並んでいません（笑）。

降幡愛のロマンティックが足りてない!?

ゲスト 藤井隆

第7回

声優・歌手の降幡愛が、カルチャーの掘り下げ方を先人たちに聞く連載「ロマンティックが足りてない!?」が、ついに最終回を迎えた。連載の最後を飾るのは、アルバム『Music Res-taurant Royal Host』をリリースしたばかりのお笑いタレント・歌手の藤井隆。小学生のときから藤井の活動に憧れを抱いてきたと語る降幡が、本人を直撃。藤井の芸能活動に対するポリシーやカルチャーとの真摯な向き合い方に、今回も降幡、感動しています。

降幡　藤井さんは芸人で歌手という二足の草鞋を履いていらっしゃいますが、どうやってカルチャーや好きなものをインプットしてきたのですか?

藤井　僕ね、80年代を体感してきてはいるけれど、別にそのすべてが好きというわけではなくて、自分の好みだけを追ってきたんです。

降幡　そうなんですか?　意外です!

藤井　せっかちだから、自分の好きなものだけ食べたいタイプで。お弁当とかでも、好きなものから先に食べる。苦手なものでお腹がいっぱいになっていくのが理解できない(笑)。

降幡　私も好きなものから食べるタイプです!

藤井　それでインプットの話に戻ると、最近だとのんちゃんの映画『さかなのこ』を観ました。あとは森美術館であったアリス展(『特別展アリス──へんてこりん、へんてこりんな世界──』)。それは子供が行きたがっていたから。

降幡　お子さまができてから触れるカルチャーも変わりましたか?

藤井　変わりました。シャンプーのボトルひとつとっても、『すみっコぐらし』だったり、ファンシーなものに触れる機会が多くなって。ファンシーなもの、お好きですか?

降幡　好きですね。今も『ちいかわ』グッズを集めていますが、飾るのではなくしまっています。部屋にも風呂場にも最低限のものしか置かないので……。

藤井　観葉植物とかも?

降幡　もう全然。花1輪で精一杯です……。

藤井　謙虚ですねぇ!　もうちょっ

といけるでしょ（笑）？

――歌詞を書くときや、創作活動でのルーティーンはありますか？

藤井　ルーティーンはないですがどんなものでも、先にビジュアルがパッと頭に浮かぶタイプなんです。歩道橋の上なのか、下なのか。止まってる車中なのか動いてる車窓なのか、細かに景色が目の前に浮かびます。

降幡　先に画があるんですね。歌詞を書く道具はなにで書かれるんですか？

藤井　書くものはiPhoneでもなんでも。（舞台の）セットを思いついたときはスケッチブックに書くし、CDを作るときはジャケットアートもデッサンする。本当はね、iPadを使いこなしたいけれど、おっさんは書いて消して切って貼って、ですよ（笑）。

降幡　わかります。声優でも今、台本をiPadで読んでいる子がけっこういるんです。でも私はぶ厚い台本を2冊持ち歩いていて。

藤井　え、僕のデビューの時ホントに小学生だった？（笑）　でも、それは別に新しいものを否定するとかじゃなくて、使えるか使えないかの話で。

降幡　私も使えるなら使いたいです……。

藤井　今回のカバーアルバムの選曲は、降幡さんが選んだの？

降幡　私が選びました。80年代をリアルタイムで経験しているスタッフさんたちにも教えてもらいつつですけど。カバーアルバムって難しいというか、ひとつ間違えば色物にも見られちゃうじゃないですか。

藤井　好きな歌と似合う歌が違う場合もありますもんね。ほかの方からの絶対、っていうお勧めもあるでしょうしね。

降幡　寛大なチームに助けられています（笑）。特に今回、私が推したのは、二名敦子さんの「Wonderland 夕闇City」と、ラ・ムーの「愛は心の仕事です」で。藤井さんが言うように、大ヒット曲ではなくて。MVもラ・ムーの曲で作ったんですけど、当時は皆さん、菊池さんのソロとギャップがあったから戸惑われたとよく聞きます。

藤井　そうなんや。僕の周りは全然そんなことなかったよ？　確かにびっくりはしたけど、受け入れるまでには時間はかからなかった。NEXT、って感じがしたし、キョンキョンや本田美奈子さんもロックをやってたから。

――菊池さんがアイドルからラ・ムーになった変遷に、降幡さんはご自身を重ね合わせるところはありますか？

降幡　それはあるかもしれません。私もアニメのいち声優という立場から、アーティストデビューのときに結構ガラッと色を変えたので。

藤井　プロデュースは本間（昭光）さんですけど、作業は楽しかったですか？

降幡　はい。本間さんは楽しい方ですし、ずっと優しいです。でも制作物のバランスはすごく考えてくださっていて、前回のカバーアルバムは歌謡曲っぽいテイスト、今回は洋楽

っぽいテイストと、コンセプトから考えてくださいます。

藤井　なるほど。本間さんって、僕のはじめてのコンサートでバンマスをやってくださっていたんですよ。

降幡　そうなんですね！

藤井　デビューコンサートのリハーサルの音源がMDで残っているんですけど、オープニングが本間さんの曲なんです。それを聴いたら、当時を思い出して胸がいっぱいになりました。本間さんの曲が終わったら幕がバーン！と落ちて1曲目、みたいな構成だったので。

降幡　うわー、緊張しますね。

藤井　ホンマに震えながら聴いてた曲なんですよ。当時、スタッフの皆さんに励まされながらステージに立っていたから、そこで僕のテンションが上がるようなテイストの曲を用意してくれていて。なんて優しい方だと。

降幡　そんなエピソードが。やっぱり天才ですね。

――歌手業とお笑い・芸能活動のバランスは考えられたりしますか？

藤井　自分は若いときに恵まれていて、会社の人に「自分の意見をちゃんと持ちなさい」と言われていたんです。吉本新喜劇は台本があるけれども、フリーなところもあるし、1日2回公演だったので、直前の細かな修正も多かった。そこからタレント業がスタートしたので、なんでもかんでも「はい」だけにするなと。

降幡　最初からそういう教えがあったんですね。

藤井　芸人って、漫才にしてもコントにしても、自分で作り出すエネルギーがある方たちばかりで。僕はなんとなくヌルっと入ってきて、積極的に笑いを取りにいくような貪欲さが足りなかった。それを会社の人が気付いてアドバイスしてくれたんだと思う。なので、みなさんが考えてくださったことに対して、ちゃんと自分の意見を言うようになりました。ライブのセット図を頼まれてもないのに考えたし、照明さんがセットを組むための俯瞰図をコピーしてもらって、いろんな照明のパターンを書き込んで渡していたので……もらったスタッフの方も迷惑だったと思うけど「わかったよ……」と言うしかない（笑）。でもバカだから、「採用された！」みたいな気持ちで当時はいたんですよ。

降幡　（笑）。でも、それが実際に良かったんだと思いますよ。

藤井　そういった体験がベースとなって、今までのびのびやらせてもらってきたという感じかな。だから、活動のバランスを考えたことはないですね。でも仲間を見ると、劇場！とか、落語！とか、そういうものを持っている人には憧れます。

降幡　憧れがあるんですか？

藤井　ありますよー！　ひとつのことを突き詰めることへの憧れはずっとあります。でも、向いてない。やったことがあることとないことだったら後者を選んでしまう。

降幡　そうなんですね。もっと落ち着いていてらっしゃるイメージがありました。穏やかで――。

藤井　（遮って）ぜんっぜん。いっつもスタッフと喧嘩ばかり（笑）。特に90年代は新喜劇をやりながらいろいろやっていたから、朝と昼は劇場出番があって、その後に新幹線で東京にきて、最終で帰れたら帰って、無理だったらホテルに泊まっての繰り返し。

降幡　オフはなかったんですか?

藤井　ありましたよ。当時はTVも21時くらいに収録が終わることが多かったから、泊まりのときはご飯食べたり、遊びに行ったりしてたかな。

降幡　切り替わってはいるけど、ずっと動いている感じ。

藤井　そんなに切り替えも必要じゃないタイプ。切り替えたい派?

降幡　あんまりにもずっと仕事だと……という感じです。

藤井　でも、TVに出ていたことで知ってくださる方も確実にいたんです。コロナの前に、プロモーションで佐渡島に行ったことがあって、そこでおじいちゃんおばあちゃんに「朝ドラ見てたよ」と話しかけられて。朝ドラに出演したのは10年以上前（笑）。でも、そういうときに「いろんなことをやっておいて良かったな」と。

藤井隆はマイナー!?

降幡　ちなみに藤井さんが仕事をする上で大事にしているポリシーってありますか?

藤井　言葉にするとすごくシンプルですけど――すべてはお客様のために。それしかないかも。

降幡　はぁぁ（感動の表情）。

藤井　それには理由があって。吉本新喜劇に参加しているとき、公演をしているなんばグランド花月には幅広い年齢層の方がいらっしゃるんです。今も覚えているのが平日のお昼に、サラリーマンの方がひとりで来られてて、その方に少しでも笑ってもらうためのお仕事だというのを、最初から経験できたのが大きかった。だから今でも、「これをやったら笑ってくれるかな」を第一に考えてる。

降幡　すごく素敵な考え方だと思います。

藤井　でもね、近しい人に言われるのが、僕の好みってすごいマイナーなんやて。自分ではどメジャーやと思ってるのに（笑）!

降幡　マイナーですかね?

藤井　ねぇ（笑）? たくさんの方に楽しんでいただきたいという気持ちで選択することが多いんですが、どうやらピントが合ってないときがあるらしくて、ファンでいてくれてる方も手が伸びないと言われることがあります。

降幡　私はその姿勢に合点がいきます。これまでの藤井さんの活動を見ていると。

藤井　なので、なにかいろいろ言われるかもしれないけれど、僕は降幡さんの活動は素晴らしいと思うし、これからも戦ってほしいなと思います。

Spotifyで発見する80'sの魅力

降幡 藤井さんは今回のアルバム『Music Restaurant Royal Host』で、鈴木杏樹さん（KAKKO名義）とのコラボ曲「We Should be Dancing」のアレンジをNight Tempoさんに依頼しているじゃないですか？ Night Tempoさんはこの連載に出てもらって以降、ほぼ毎日ＬＩＮＥするほどの仲になったのですが（笑）、今日の対談のことを話したら、「藤井さん、お元気ですか？」とおっしゃっていました。

藤井 「We Should be Dancing」のレコーディングのときはリモートだったので、Night Tempoさんには直接お会いできなかったんです。先日初めて、ＮＨＫの『おげんさんといっしょ』の収録でお会いしたんですけど……。

降幡 どうでした？ 直接会ってみての感想は？

藤井 想像を裏切らなかったですね。内向的に見えますけどそれだけではない鋭いものがあるし、僕よりも断然若くて、その若さが眩しく感じつつも、年齢という額縁には入らないものをたくさん携えていらっしゃるのがわかりました。もともと、好きになったきっかけは『昭和グルーヴ』で、それからいろいろ聴いていったんですけど、ご本人はカセットやアナログとかこだわっているのにもかかわらず、こちとら主にSpotifyで聴いていて（笑）。

降幡 （笑）。

藤井 僕は完全にリアルタイム世代ですから。小学校の3〜4年生のときにウォークマンが出てきて、それまで音楽はお家の中でレコードプレイヤーやラジカセを通して聴くものだったのが、外に持ち出せてパーソナルなものになった。それからも、車で聴くことができたり、そういう経験を少年時代に体験できたりしたのは良かったかもしれません。少なくとも、Night Tempo さんや降幡さんに自慢できる（笑）。

降幡　羨ましいです（笑）。そういう便利さの追求が、カルチャーの発展にも役立ったのが80年代なのかなと思います。

藤井　でもね、はっきり言っておきたいのは、今が悪いとはまったく思ってなくて。人づてで Night Tempo さんの情報が聴けるのも今だからだし、この前出たアルバムのなかで、安部恭弘さんの「アイリーン」（84年）という曲をカバーしているんです。これも80年代の楽曲ですけど、たまたま Spotify で発見したもので。安部さんはもともと、EPOさんの界隈でお仕事されていた方だから、いくらでも聴く機会があったはずなのに、当時は聴いていなかった。つまり、Spotify のおかげなんですよ。新しい音楽に出会いたくて契約したけど、結局、オススメされるのは昔の曲（笑）。

降幡　それはわかります。私も、サブスク関しては、昔の曲と〝新しく〟出会うことが多いですね。

〈著者〉

Furihata Ai

降幡愛

声優、歌手。２月 19 日生まれ。愛称は「あいあい」、「ふりりん」。
長野県出身。アクロスエンタテインメント所属。

2015 年、『ラブライブ！サンシャイン!!』の黒澤ルビィ役で本格声優デビュー。
同作品のスクールアイドルグループ「Aqours」のメンバーにも参加し、現在も活動中。

2020 年６月 11 日、Purple One Star レーベルの第１弾アーティストとして、配信シングル「CITY」でソロデビュー。
同年９月 23 日には、デビューミニアルバム『Moonrise』を CD、アナログレコードでリリース。

2021 年４月には、「降幡 愛 1st Live Tour APOLLO」を Zepp4 会場で開催。
７インチシングルレコード「AXIOM」を発売。

2022 年には、２枚のカバーアルバム『Memories of Romance in Summer』、『Memories of Romance in Driving』をリリース。
『Memories of Romance in Summer』に収録された「君たちキウイ・パパイア・マンゴーだね。」の MV（制作：NOSTALOOK）は、225 万回再生を突破（2023 年２月現在）。

特技はイラスト。
趣味は古着屋巡り、喫茶店巡り、音楽鑑賞、レコード収集、カメラ。
自動車免許（AT 限定）所有。